Esperando bebé en forma, tranquila y feliz

Esperando bebé en forma, tranquila y feliz

Jackie Péric

Título original: *En forme et sereine en attendant bébé*
Traducción: Kena Bastién

Diseño de portada: Vivian Cecilia González
Fotografía de portada: Smith Collection / Getty Images

La información que se brinda en esta obra de consulta no reemplaza en ningún caso los consejos o tratamientos de un experto. Las indicaciones le ayudarán simplemente a seleccionar con conocimiento de causa. Debido a que cada individuo es único, la labor del médico consiste en efectuar un diagnóstico y supervisar los tratamientos para cada problema de salud. Si un individuo que está bajo supervisión médica recibe consejos contrarios a la información brindada en esta obra, la recomendación del médico deberá prevalecer, pues está basada en las características únicas de esa persona.
La intención de la autora es ofrecer únicamente información de carácter general para ayudarle a usted en su búsqueda de bienestar. En el caso de que utilice en usted cualquier información que se presenta en este libro, lo que es su derecho constitucional, ni la autora ni los editores asumen responsabilidad alguna por las acciones que tome.
No es un sustituto de cualquier tratamiento que le haya sido recetado por su doctor. Si usted sospecha que tiene un problema de salud, le recomendamos **con insistencia** que busque ayuda médica competente.

Agradecimientos

Quiero agradecer a las mujeres que tan amablemente aceptaron brindar su testimonio, así como a las practicantes por
sus análisis y consejos.

Pero más que nada, deseo dar las gracias a las dos personas que me inspiraron y apoyaron: mi hijo y su papá.

Contenido

Introducción

El embarazo es un periodo en el que la futura mamá se plantea muchas preguntas, sobre todo cuando se trata de su primer bebé.

Independientemente de que el bebé sea deseado y esperado, es posible que surjan momentos de duda y temor, y esto es normal pues todas nosotras queremos recibir a nuestro bebé en el mejor de los mundos, y prepararle el porvenir más venturoso... Estos objetivos nos los fijamos mucho antes de la concepción, pero nuestra determinación de hacer las cosas bien aumenta a medida que nuestro vientre se abulta.

¿Cómo lograrlo? ¡Estando bien acompañadas y adecuadamente preparadas! Dado que cada embarazo es único, antes del nacimiento es conveniente preguntar, informarse y buscar ayuda en caso necesario, ya que en torno de la maternidad existen muchas especialidades de las que apenas hemos oído hablar.

Con este libro le propongo descubrir, o redescubrir, la sofrología, el yoga, la haptonomía, pero también prácticas menos comunes como los métodos de relajación, la programación neurolingüística, las psicoterapias, la hipnosis, la osteopatía, la musicoterapia...

Tal vez algunas futuras mamás se pregunten cuál es la utilidad de dichos preparativos: "¿por qué tomar previsiones, si existe el bloqueo epidural?", piensan. Primero, porque la anestesia epidural no lo puede todo: aunque permite disminuir el dolor de las contracciones, no le enseñará cómo acompañar a su bebé en el proceso del parto. No olvidemos que el nacimiento se vive en conjunto: el bebé está presente durante todo el alumbramiento, y su mamá debe ayudarlo a lo largo de las diferentes etapas que marcan el nacimiento.

Por otra parte, si bien es evidente que el embarazo y el parto se consideran acontecimientos naturales, ambos requieren una adaptación tanto física como psíquica. Es en este sentido que cobran relevancia los métodos de preparación: familiarizarse con el nuevo estado, quitar dramatismo al parto, aprender a respirar de manera eficaz, adquirir conocimientos sobre el desarrollo del embarazo y el parto... La ventaja indiscutible es que usted llega al día D más serena, debido a que está mejor informada.

Como periodista especializada en temas familiares, entrevisté a decenas de futuras madres jóvenes para que me contaran la historia de sus embarazos. Por otro lado, en mi calidad de autora de libros para padres de familia* –y por consiguiente, acostumbrada a las inquietudes sobre gestación– traté de transcribir sus vivencias conservando toda la emoción que me transmitieron. Aparte de mi formación en psicorrelajación y naturopatía, utilicé la empatía para que mis entrevistadas pudieran testimoniar con entera confianza, conscientes de que su historia podría ayudar a otras futuras mamás a encontrar una respuesta a sus preocupaciones.

Eczéma de l'enfant: comment le soulager naturellement. Moyens naturels et psychothérapies (El eczema del niño: cómo calmarlo de manera natural. Medios naturales y psicoterapias), Editorial Le Souffle d'or.
Produits et soins naturels pour maman et bébé: guide pratique Grossesse & Naissance (Productos y cuidados naturales para madre y bebé: guía práctica Embarazo y Nacimiento), Editorial Le Souffle d'or.
Jeune maman, la nature est votre alliée: guide pratique des premières années (Madre joven, la naturaleza es tu aliada: guía práctica de los primeros años), Editorial Le Souffle d'or.

Todos los métodos de preparación que abordamos en la obra coinciden en un punto: resultan gratos para la mamá y para el futuro bebé. Pero estas prácticas van más lejos, dado que se presentan como perspectivas globales, respetando la integridad física, psíquica y afectiva de ambos. No olvidemos la primera recomendación de Hipócrates: *Primum non nocere* (Ante todo, no hacer daño). Este precepto debería aplicarse a todo acto relacionado con la vida, ya sea médico o no, pero más aún durante el embarazo, pues es un periodo que cada mujer guardará anclado en su memoria... Por lo tanto: ¡no se deje molestar por pequeñas contrariedades!

Emma.
¿Por qué es tan difícil embarazarse?

Durante un año, más o menos, mi marido –Víctor– y yo tratamos de tener un bebé. Dado que éramos más bien jóvenes –ambos de menos de treinta años– mi ginecóloga no quiso que nos precipitáramos demasiado realizando exámenes para saber si la causa de la infertilidad era fisiológica. Según ella, la falta de resultados es frecuente entre las parejas demasiado ansiosas de que llegue la maternidad. Habría que ser pacientes y restar importancia al asunto...

¡Pero yo no me conformaba con la idea de esperar! Tomé la píldora durante casi diez años, y siempre oía decir a las chicas que me rodeaban que habían quedado embarazadas después de haber olvidado una sola pastilla. ¿Entonces por qué yo no, si llevaba meses sin tomarla?

Después de algunos meses más sin éxito, Víctor y yo decidimos hacer caso omiso de las recomendaciones de mi ginecóloga y consultar a un especialista enfocado básicamente en mujeres con dificultad para embarazarse. Sin asombrarse de nuestra edad ni desilusionarnos de inmediato, el médico pidió que nos hicieran toda una serie de exámenes. "A los dos a la vez", dijo, "para no perder tiempo inútilmente". ¡Estábamos encantados de que por fin alguien se interesara en nuestro caso! Pensamos que íbamos por buen camino.

En los exámenes no salió nada: todo estaba en orden, tanto por mi lado como por el de mi marido. Entonces el médico nos aconsejó que aplicáramos el método del ritmo durante algunos meses antes de tomar decisiones más serias. Así que comenzamos a hacer el amor durante los periodos más fértiles, y también adoptamos algunas posturas especiales para mejorar nuestras posibilidades. Pasaron más o menos seis meses y aún no había barriga a la vista.

Volvimos con el especialista, quien decidió que podíamos pasar a métodos más radicales: la estimulación ovárica, y luego la concentración del esperma de Víctor para aumentar el número de espermatozoides...

Creo que fue en ese momento –o tal vez mucho antes– que mis relaciones con Víctor se volvieron menos tiernas, menos espontáneas. Íbamos en una carrera hacia la mera ejecución del acto; ambos habíamos perdido la naturalidad y la espontaneidad. De hecho, hasta el deseo estaba ausente. Y el bebé que no llegaba...

Sin prestar oído a nuestros sentimientos profundos, pero presionados por el tiempo, intentamos y esperamos... y seguimos esperando. Cuando empezaron a volverse frecuentes las peleas entre Víctor y yo, decidimos reaccionar: o seguíamos con las tentativas –conscientes de la amenaza que pesaba sobre nuestra pareja– o parábamos todo. Elegimos la segunda opción.

Resolvimos volver con mi ginecóloga de cabecera, quien me atendía desde la adolescencia y nos había recomendado que esperáramos. Le contamos todo sobre nuestro maratón y fue muy comprensiva y dulce. Nos explicó que tenía muchos pacientes que, por querer tener un bebé a como diera lugar, no advertían cómo se deterioraba paulatinamente su relación de pareja; las relaciones sexuales planificadas, las decepciones, la falta de acompañamiento psicológico profesional los había alejado de la meta que anhelaban: crear el fruto de su amor.

Eso era exactamente lo que empezaba a pasarle a nuestra pareja: ¡habíamos perdido toda intimidad auténtica por estar obsesionados con hacer un bebé!

Víctor y yo decidimos esperar a que la naturaleza hiciera su trabajo, sin forzar nada. De todas maneras, con mis veintiséis años tenía tiempo.

Volvimos a descubrir el placer de estar juntos, de hacer el amor por el simple placer de hacerlo. Los gestos de ternura volvieron a presentarse, primero torpes y luego espontáneos.

De pronto éramos como dos adolescentes iniciando su relación amorosa. No hace falta decir que después de sobrepasar la incomodidad del principiante nos dieron unos ataques de risa deliciosos. Hasta nuestras prácticas amorosas evolucionaron: después de los gestos mecánicos y controlados que habíamos desarrollado, por fin nos dimos tiempo de prolongar los preliminares. La procreación ya no era el único objetivo. Simplemente volvimos a descubrir la felicidad de la vida en pareja.

Pienso que salimos más fuertes y más amorosos de esta prueba pero, ¿cuántas parejas no han tenido la suerte de detenerse a tiempo, de decir: alto, primero nosotros y el bebé cuando él quiera?

Antes de finalizar el año llegó lo que tanto esperábamos. No podría decir exactamente en qué fecha fue concebida Marisa: habíamos dejado de calcular.

Después de los diferentes tratamientos a que me habían sometido, mi regla ya no era tan regular como antes. Había dejado de inquietarme cuando me llegaba un mes y luego desaparecía durante dos meses o más. Dejé que mi cuerpo hiciera lo suyo. Por lo tanto, no advertí de inmediato el embarazo. Es cierto que el volumen de mi pecho había aumentado, pero mi vientre empezó a crecer mucho después. No me cerraban los pantalones, pero eso no me inquietó demasiado. Cuando tuve unas sensaciones extrañas en el interior de mi vientre pensé que eran mis intestinos, castigándome por comer de más. Por supuesto, consulté a mi médico general. Él me dijo que los retortijones no tenían nada que ver con mis intestinos sino con un bebé de tres meses y medio. ¡Me fui de espaldas!

No le dije a Víctor de inmediato, aunque me moría de las ganas de hacerlo. Lo llamé a su trabajo para saber a qué hora llegaría por la noche. Pasé a un servicio de banquetes, compré velas y saqué la vajilla bonita. Cuando llegó a casa le dije que habíamos tenido ocasión de probar muchas cosas, pero una cena a la luz de las velas todavía no. Era, pues, el momento. A la hora del postre saqué una botella de sidra. Sorprendido, mi marido me interrogó con la mirada: ¿celebrábamos algo? ¿Y por qué con sidra? Le tendí un paquete envuelto de regalo. Adentro había una piyama de terciopelo amarillo... ¡para recién nacido!

Después de pasar meses tratando de forzar el acontecimiento, apreciamos el efecto de la sorpresa. Estábamos simplemente maravillados y felices. ¡Marisa es sin duda producto del amor!

Las psicoterapias

¿Las psicoterapias pueden explicar por qué a ciertas mujeres les resulta difícil embarazarse?

Primero hay que descartar que el problema de fertilidad no tenga origen en una causa fisiológica (trompas obstruidas...) o médica (por ingestión de ciertos medicamentos, por malformación genital, etcétera).

Antes de utilizar el término esterilidad –que puede definirse como la incapacidad de concebir un bebé–, hay que observar un periodo de "prueba" de dos años en promedio. En efecto, sólo después de esos dos años de tentativas regulares podría empezarse a hablar de una posible esterilidad, y habrá que proceder a hacerse exámenes para detectar las causas.

En realidad se ha constatado que la esterilidad procede de la mujer en el 30% de los casos, del hombre en otro 30%, y de ambos en un 30% más... El 10% restante carece de explicación. Si una pareja tiene dudas después de haber intentado embarazarse en vano durante varios meses, conviene que ambos, la mujer y el hombre, se realicen cierto número de pruebas.

En concreto, lo primero que se propondrá a la pareja es una consulta médica: es primordial que ambos asistan juntos a la cita, de modo que el médico pueda hacerles preguntas detalladas respecto de sus antecedentes, para determinar las implicaciones de cada uno, así como definir las posibilidades y los límites. De esta manera, durante la cita el médico preguntará acerca de:

- Sus tentativas de concepción: ¿cuánto tiempo hace que están intentando tener un bebé?
- Su vida íntima: ¿cuántas relaciones sexuales tienen por semana, por mes? ¿Qué tipo de contracepción utilizaban anteriormente? ¿El ciclo menstrual de la mujer es regular?
- Sus antecedentes: ¿les han realizado alguna cirugía? ¿Qué tratamientos han seguido? ¿Han tenido enfermedades sexualmente transmisibles?, ¿cuáles, cuándo y cómo fueron tratadas? (Esta última pregunta es muy importante porque numerosos casos de infertilidad son resultado de enfermedades sexualmente transmisibles.)
- Su vida profesional: ¿están en contacto con sustancias reconocidas como peligrosas o "de riesgo"? (En primera instancia se piensa en los ésteres de glicol, pero también otras sustancias químicas pueden estar implicadas en los problemas de fertilidad.)
- Sus hábitos de vida: ¿consumen alcohol, tabaco?

Tengan en cuenta que el médico no puede prometerles que algún día tendrán un bebé; es importante recordar esto desde la primera consulta.

Los exámenes por efectuar dependerán del resultado de la entrevista, pero en general a la mujer se le recomiendan los siguientes:

- Control de la curva de la temperatura, a fin de evaluar la calidad de la ovulación.
- Una medición hormonal, para verificar el correcto funcionamiento de la hipófisis y los ovarios.
- Una revisión ginecológica, para verificar que los órganos genitales estén "en su lugar".
- Un ultrasonido pélvico, con el propósito de garantizar que no existan anomalías en los ovarios o en el útero.
- Una histeroscopía (introducción de un sistema óptico en el cuello del útero), o bien una celioscopía (exploración quirúrgica ligera realizada mediante la introducción de un sistema óptico a través de orificios minúsculos: se requiere un día de hospitalización para llevarla a cabo), para visualizar el conjunto del aparato genital.
- Una histerosalpingografía, para obtener los datos sobre las características del útero.
- Una laparoscopía (introducción de un microsistema óptico al interior de las trompas a través del pabellón), para revisar el estado de las trompas de Falopio.

En cuanto al hombre, el médico podría recomendarle los siguientes exámenes:

- Un espermatograma y un espermatocitograma, para verificar la forma, la calidad, la cantidad y la movilidad de los espermatozoides. Antes de realizarlos la pareja deberá respetar un periodo de abstinencia de tres días. Estos exámenes son indispensables y no causan dolor, aunque pueden ser incómodos para algunos hombres.

- Una prueba postcoito, a fin de verificar la tasa de sobre-vivencia de los espermatozoides en el periodo de doce a veinticuatro horas después de la relación sexual.
- Un ultrasonido, para tener una visión de conjunto.

Los siguientes exámenes son recomendables para ambos miembros de la pareja:

- Determinación de compatibilidad entre el esperma y el medio genital femenino.
- Exámenes sanguíneos, para descartar la existencia de enfermedades (VIH, sífilis, etcétera), y llevar a cabo una investigación de cariotipo (características de los cromosomas).

Durante la realización de estos exámenes puede llevarse a cabo un seguimiento psicoterapéutico con el propósito de acompañar y apoyar a la pareja, pero también para buscar posibles razones psicológicas de infertilidad.

En efecto, es frecuente que las parejas deseen tener un niño al mes de haber interrumpido el uso de la píldora u otros medios de contracepción. No obstante, según los estudios, hay que considerar entre un mínimo de cuatro meses y un máximo de ocho años para que llegue el bebé, aunque no existan problemas de esterilidad. Sin duda este periodo es largo y las parejas de hoy no están dispuestas a esperar tanto tiempo, en primer lugar porque la edad para concebir al primer hijo se sitúa alrededor de los treinta años para la mujer; además, cada vez hay más parejas en consolidación tras un primer divorcio. Otra razón importante es que hoy existen técnicas médicas para ayudar a las parejas que tienen prisa. Desafortunadamente, esta "carrera" suele llevarse a cabo en ausencia del acompañamiento psicológico esencial para cada etapa si se quiere que la pareja conserve su intimidad y una visión objetiva de las posibilidades y de los límites.

Es necesario que las parejas recuerden que el cuerpo no es una máquina que obedece ciegamente a la psique: no basta querer un bebé para que arranque el mecanismo. Una prueba son las parejas que, luego de haber dado todo de sí no logran engendrar un nuevo bebé. Entonces se habla de esterilidad "secundaria", que tiene una fuerte connotación psicológica.

Recordemos, por último, que existe una diferencia –que la psicoterapia considera primordial– entre "querer" y "desear" un hijo, dos ideas que nos remiten a las nociones de consciente e inconsciente. Conscientemente podemos querer un bebé, y al mismo tiempo, en nuestro inconsciente, no desearlo: el temor y el deseo pueden estar íntimamente ligados. Aun cuando se desee al bebé, la pareja, pero sobre todo la mujer –dado que los cambios ocurren en su cuerpo–, puede tener momentos de indecisión, de incertidumbre, de cuestionamiento. El nacimiento de un hijo es un acontecimiento de la mayor importancia en la vida de una pareja, y a veces se requiere tiempo para integrar los cambios que éste traerá forzosamente consigo.

En materia de psicoterapia hay que saber que no hay uno, sino varios enfoques distintos. Entre los más comunes mencionaremos:

- **El análisis transaccional**, que obedece a dos principios: los estados del "yo" y las transacciones. En el "yo" cohabitan el padre (que evoca la educación parental), el adulto (que relativiza sus pensamientos en función de su entorno) y el niño (que simboliza las emociones surgidas en la infancia). Las transacciones se definen mediante los intercambios que tienen lugar en cada uno de esos tres estados. Creado por el neuropsiquiatra canadiense Eric Berne en la década de los setenta, el análisis transaccional se propone equilibrar estos estados con el propósito de que el padre, el adulto y el niño estén en el lugar correcto en el momento apropiado.

- **La psicoterapia analítica**, que propone un trabajo de investigación interior para dominar o superar las situaciones traumáticas del pasado, y eliminar así las actitudes inconscientes de fracaso. Este fracaso inconsciente se traduce en frases como: "Lo hice sin querer" o "Es más fuerte que yo". La psicoterapia analítica se dirige a personas que no desean realizar una terapia de larga duración. Con bastante rapidez el paciente adquiere una plenitud que se traduce en una mejor calidad de vida (disminución del estrés, calma de las angustias, etcétera).

- **La psicoterapia corporal integrada**, que propone un retorno a la época de las primeras heridas, con el propósito de expresar las necesidades no satisfechas. Esta psicoterapia permite liberar bloqueos relativamente profundos, para lo cual integra varios enfoques psicológicos (Gestalt, reichiano, etcétera) y corporales (yoga, meditación, masajes, etcétera). La psicoterapia corporal integrada permite que se restaure la vitalidad corporal y que se refuerce el Ser, lo cual resulta en un mejor manejo de las dificultades y las heridas en el terreno de las relaciones personales. Para lograrlo, el terapeuta utilizará diferentes herramientas, como la expresión verbal, la respiración, el sonido, el movimiento, así como diversas técnicas de relajación y apertura corporal.

Otras corrientes pueden utilizarse según la formación del terapeuta y el objetivo que se pretenda alcanzar. De esta manera, ciertos terapeutas privilegian el diálogo, mientras otros recurren a métodos de relajación (entrenamiento autógeno de Schultz, método Jacobson, método Vittoz, etcétera), de movimiento (como en el caso de la terapia Gestalt), de tacto (integración postural, por ejemplo) o bien a la reprogramación mental (hipnosis ericksoniana, programación neurolingüística, etcétera).

Sea cual fuere la terapia que se emprenda, la pareja normalmente fértil que sufre por no poder concebir deberá, antes que nada, hacer el duelo del anhelado. Es decir, tendrán que integrar el hecho de que el empeño y la obsesión por el embarazo pueden impedir la llegada del bebé, pues éste también toma parte en el asunto. Aparte del deseo del papá y la mamá, hay que tomar en cuenta el "deseo" del bebé, según Françoise Dolto.

Al emprender una psicoterapia, la pareja que "muere" por tener un bebé elige establecer una relación de ayuda con un terapeuta que sabrá darles confianza, escucharlos y acompañarlos en el proceso de resolución de los bloqueos que podrían estar en el origen de las dificultades de fecundidad. Si se comprueba la esterilidad, la psicoterapia podrá ayudar a la pareja a llevar su duelo por el hijo natural y, en un momento dado, a sostenerla durante el proceso de una adopción.

Liliana.
¿Por qué le tengo tanto miedo al embarazo?

Antes de decidir tener un bebé pasaron muchos años... Durante un largo periodo de tiempo pensé que no estaba hecha para tener niños. No era que no me gustaran, ¡al contrario!, pero pensaba que la maternidad no era para mí, que no sabría educar a un niño. De hecho, me gustaba mucho jugar con los niños de la familia o con los de mis amistades, aunque al volver a casa disfrutaba no tener responsabilidades al respecto. A veces hasta compadecía a quienes, después de un día de trabajo, tenían que asumir las tareas propias de la paternidad, el ritual de las comidas y el baño, soportar los berrinches a la hora de ir a la cama, y demás.

Luego conocí a Javier y nos integramos de inmediato; comenzamos a compartirlo todo: la cuenta bancaria, la cama y, claro, no tardó en surgir el asunto del bebé.

Para justificar mi falta de motivación empecé a pretextar mi corta edad –las mujeres viven su primer embarazo cada vez más tarde–, luego mi carrera –que debía consolidar para poder ofrecer un futuro a los niños que pudiera tener–. Luego surgieron otros argumentos; de hecho, siempre tenía una razón "válida" para seguir tomando la píldora.

Mientras más insistía Javier, más me escabullía, pero sentía que él ya estaba harto de mis más que dudosas excusas.

Una noche tuvimos nuestra primera disputa verdadera acerca del embarazo, y en ese momento entendí que si no encontrábamos un espacio de acuerdo lo perdería. Opté, pues, por ser sincera: le dije que el embarazo me mataba de miedo. De hecho, no era el embarazo lo que me aterraba, sino MI embarazo. Más allá de las responsabilidades y de los cambios que pudieran ocurrir en mi vida, mi cuerpo se negaba a recibir a ese ser en su interior. La simple idea de sentir algo vivo creciendo dentro de mí me aterrorizaba.

¿De dónde provenía esa angustia? No podría decirlo. ¿Tal vez me había afectado algún reportaje visto en la televisión? ¿Quizá me conmovió una historia que había acabado mal, leída en algún libro?

Javier fue muy tierno conmigo; no se burló de mí, no criticó mis argumentos. Simplemente me dijo que deseaba que hiciéramos al bebé juntos, y que esperaría el tiempo necesario para que estuviera lista. Para vencer mis inquietudes, me propuso que nos reuniéramos a conversar con futuros padres.

Asistimos entonces a conferencias y tomamos talleres sobre el embarazo. Yo estaba sorprendida porque muchas mujeres sentían los mismos miedos que yo, incluso algunas que ya estaban en la "feliz espera". Luego publicamos un anuncio en una revista para recabar testimonios, ¡y recibimos más de sesenta respuestas! Mi caso no era, por lo tanto, aislado.

Acudimos a una clínica de maternidad que ofrecía a los futuros padres reuniones, debates, consultas con especialistas, etcétera. Ahí encontré una extraordinaria terapeuta que de inmediato me dio confianza. Hablamos largo y tendido. Ella me propuso que hiciera sesiones de relajación. Yo, que soy incapaz de soltarme, de permanecer acostada y sin actividad, descubrí los beneficios de relajarme. En mi caso, se trató de una relajación total que influye tanto sobre el cuerpo como sobre la mente. Además, gracias a este método, aprendí a conocer mejor mi cuerpo y a confiar en su capacidad de acoger un bebé. Durante las etapas de visualización pude "hacerle un lugar" al bebé potencial en el seno de mi vientre. Es increíble cómo en unos cuantos meses me volví más confiada y serena.

Mi miedo a quedar embarazada era más bien un temor a crecer, a envejecer, a ya no ser considerada una súper profesional, joven y audaz... ¡La Mujer Maravilla es un mito! Yo volví a la realidad.

¿Y ahora? Mi angustia desapareció completamente y cedió su lugar a una nueva confianza en mí misma. ¡Por supuesto que esto no se logró en una sola sesión! Seguí viendo a mi terapeuta de relajación durante meses y a lo largo de todo mi embarazo. Mientras más tiempo transcurría, más serena y confiada me volvía. Hace diecinueve meses di a luz una nena adorable, de casi tres kilos de peso. La partera que ayudó en el parto dijo que, para ser la primera vez, yo había sido muy valiente. ¡No hace falta decir que el alumbramiento duró más de catorce horas!

Hoy estoy muy orgullosa de ser madre. Ahora tienen menos importancia mi vida profesional y la imagen que pueda proyectar porque sé lo que es realmente fundamental en la vida. Es más, ¡estoy planeando volver a hacer un alto en mi vida profesional para darle un hermanito o una hermanita a mi bebé!

La relajación

¿Qué puede hacer la relajación para ayudar a la futura mamá a lidiar con su temor al embarazo?

Para nuestra sociedad el embarazo se ha convertido en una fuente de angustia, a veces mucho antes de la concepción. Se espera que las mujeres sean "madres potenciales", destinadas a tener hijos, y quienes contradicen esas aspiraciones tradicionales son consideradas monstruos egoístas. Por lo tanto, es frecuente que las mujeres que se niegan a ser madres tengan

que mentir sobre sus capacidades fisiológicas para la reproducción; se las orilla a contar que son estériles para no despertar sospechas.

Luego, cuando nace el niño hay una tendencia a desacre-
ditar a las jóvenes madres, haciéndoles creer que no son com-
petentes y que deben aprender a serlo mediante asesoría,
manuales y videos.

¡Alto! Crear problemas antes incluso de que las mujeres
tengan conciencia de la maternidad les impide vivir plenamente esta etapa.

En el caso que hemos visto, Liliana desarrolló prejuicios
en torno al estado de la mujer embarazada, considerándolo
poco atractivo, incompatible con una carrera profesional y
con la juventud eterna.

En cuanto a la primera creencia, basta con observar la
cantidad de mujeres que nos rodean y han comprobado que
es perfectamente posible conciliar la vida profesional con la
familiar. En cuanto al fantasma de la juventud eterna, no es
más que una ilusión: todas las mujeres, ya sean madres o no,
envejecen. Aun cuando la cirugía estética y los complemen-
tos alimenticios brindan una ayuda considerable, no pueden
actuar sobre el proceso fisiológico: los seres humanos fuimos
concebidos para nacer, crecer, envejecer y morir.

Cada quien tiene su propio ritmo, pero todo el mundo
vivirá esa evolución. Tener hijos o no tenerlos cambiará muy
poco la situación. Es más, se ha demostrado que las mujeres
que han tenido hijos viven la vejez de manera más armonio-
sa psicológicamente hablando porque se fijan nuevas metas,
amén del proyecto de educar a los hijos y luego ocuparse de
los nietos, o incluso de los bisnietos.

La relajación permite aprender a lidiar con las angustias
y a deshacerse de ellas. En los periodos transitorios, como en
el caso de Liliana, la relajación interviene en los condiciona-

mientos creados, haciendo que uno tome conciencia de su cuerpo, de sus capacidades y de las aptitudes internas que posee.

En términos generales, la relajación comprende, de hecho, varios métodos:

- **El entrenamiento autógeno de Schultz**. Inspirador de la sofrología, utiliza un protocolo extremadamente riguroso que consiste en repetir frases sugestivas y claramente codificadas, como "Estoy relajada". Esta autosugestión conduce progresivamente a quien la practica hacia un verdadero "condicionamiento" positivo que le permitirá dominar mejor sus emociones. Todos los problemas psicosomáticos pueden ser tratados con el entrenamiento autógeno de ciclo inferior. Para lograr una relajación de calidad es necesario reunir diferentes condiciones: escoger un lugar tranquilo, sin timbres telefónicos ni cualquier otro tipo de "distracción" externa; usar una vestimenta cómoda que no comprima el cuerpo, y elegir la postura más conveniente, ya que algunas personas prefieren estar sentadas, mientras que otras se sienten más a gusto acostadas.

  La práctica regular de esta forma de relajación permite erradicar el estrés y la fatiga, fortalecer la memoria, así como desarrollar la capacidad de introspección y de concentración, pero el entrenamiento autógeno de Schultz también se recomienda en casos de afecciones cardiacas, hipertensión arterial, disfunción respiratoria y problemas circulatorios, siempre y cuando sea enseñado por un terapeuta serio. En efecto, la utilización del entrenamiento autógeno de Schultz con fines psicoterapéuticos o médicos exige la participación de terapeutas que han tomado un curso especial, muy avanzado, y seguido un análisis personal. Las mujeres embarazadas que practican con regularidad el entrenamiento autógeno de Schultz de ciclo inferior lo utilizan acertadamente para incitar al bebé a que cambie de posición cuando se encuentra muy arriba, provocando una sensación de pesadez a nivel del estómago y del plexo solar. Esta "invitación a cambiar de posición" también es útil a la hora del parto.

- **El método Jacobson** fue creado por Edmond Jacobson entre las décadas de 1920 y 1930. Jacobson demostró que todo estrés va acompañado de contracciones musculares; por consiguiente, para alcanzar una relajación mental hay que procurar la relajación muscular. Este método se practica en un lugar tranquilo, con temperatura agradable y en una posición cómoda. Para lograr la relajación hay que observar tres etapas: primero, reconocer e identificar una contracción y luego el relajamiento muscular que le corresponde; esta toma de conciencia se efectúa con todas las partes del cuerpo. Después, la paciente procura el relajamiento de ciertos músculos que no se involucran con el esfuerzo. La etapa final corresponde a la toma de conciencia, en todo momento de la vida cotidiana, de las tensiones musculares ligadas a un problema afectivo o emocional. En este nivel la paciente puede distender los músculos para provocar una consecuencia positiva en los terrenos físico y mental. Los ejercicios progresivos aportan una relajación corporal mediante la contracción/distensión de un grupo muscular específico. El propósito es tomar conciencia de que "tensión = sensación desagradable" y de que "distensión = sensación agradable".

A lo largo del aprendizaje la persona que practica este método será capaz de enfrentar por anticipado el estrés que provocan las situaciones difíciles mediante la eliminación de las tensiones. La relajación progresiva es una excelente técnica para las mamás primerizas porque su utilización es simple, fácil de aplicar en la vida diaria y no depende de la imaginación: se trata simplemente de identificar las sensaciones físicas.

- **El método Vittoz** propone restablecer la armonía entre el cuerpo y la mente: a través de la toma de conciencia de sus propias sensaciones, la paciente redescubre su cuerpo. Esta técnica constituye una valiosa ayuda para las personas angustiadas, para quienes sufren problemas psicosomáticos, carecen de confianza en sí mismas, o tienen insomnio, problemas obsesivos, dificultades en materia de relaciones interpersonales, etcétera.

Roger Vittoz, médico suizo que inventó el método que lleva su nombre, partió de una idea sencilla: el objeto que provoca la angustia rara vez es real en el instante presente; lo que envenena la mente y el cuerpo es más bien una obsesión del pasado, la exageración de los actos realizados y la imaginación de lo que podría ocurrir en el futuro. Sólo cuando uno es capaz de sentir el instante presente puede elaborar planes acertados para el futuro. El objetivo del método Vittoz es volver a darle al sujeto el control de su cerebro consciente. Para llevar a cabo esta reeducación del control cerebral se aplican ejercicios simples, sensoriales en un primer momento, psíquicos después. Para lograrlo es necesario que desde el principio se integren ciertas reglas de conducta: el éxito reside en la práctica regular (más vale tres ejercicios bien hechos que diez a medias), que debe realizarse con alegría (la finalidad es la armonía entre cuerpo y mente, no la presión); además, hay que aceptar las debilidades para transformarlas (el obstáculo es un revelador individual, y debe considerarse como tal para progresar mejor); hay que permitirse el error (el fracaso es inherente al proceso de la búsqueda del bienestar); es primordial vivir plenamente el proceso (que aporta una modificación de la mirada interior sobre el mundo, y una valoración de la propia vida). Estas diferentes nociones condujeron a Roger Vittoz a bautizar su método con el nombre de Relajación Psicosensorial Vittoz.

Luz María.
¿Qué debo hacer para amar
mi nuevo cuerpo?

Siempre he cuidado la línea. De hecho, no recuerdo haber faltado ni una sola vez a las reglas de conducta que me fijé en la adolescencia. Para mí, comer era una obligación fisiológica que no me procuraba ningún placer en particular.

Cuando me enteré de que estaba encinta mi primera preocupación fue crear una gráfica para ir anotando el aumento de peso a lo largo del embarazo. Por supuesto, estaba contenta de esperar un bebé, pero había decidido que el embarazo no cambiaría en nada mis hábitos; hacía años que cuidaba mi alimentación, y en ese momento hacerlo era todavía más importante. ¡No me pondría como una ballena con el pretexto de que iba a tener un bebé!

Había leído que el aumento de peso suficiente para que al bebé no le faltara nada era de seis kilos, y decidí respetarlo. Como mi embarazo estaba programado desde hacía varios meses, antes había perdido tres kilos, o sea que sólo subiría tres kilos respecto de mi peso normal, pero seis en total para que el bebé estuviera bien sano.

No le comenté a nadie acerca de este régimen y, por supuesto, no le dije al ginecólogo que me atendía que estaba cuidando mi alimentación. Cuando me dijo que debía llevar una dieta sana para el bebé, le respondí que eso ya lo hacía desde mucho tiempo atrás. Seleccionaba mis alimentos con cuidado: poca grasa, poca azúcar, nada de agregar sal, y ningún "permiso", excepto cuando me invitaban los amigos a comer a sus casas, para no ofender a quien hubiera cocinado. En los restaurantes, sin embargo, no aceptaba ninguna tentación: nada de vinagreta, todo al vapor, a la plancha y sin grasa. A menudo se tardaban una eternidad en servirme porque para el mesero era casi imposible anotar todas mis condiciones. Creo que cansé a mis amigos y colegas, quienes finalmente prefirieron invitarme a comer a sus casas.

Mi embarazo iba normal. Aunque los hombres de la familia y de mi entorno decían que mi pequeño vientre –que apenas se veía al cuarto mes– era encantador, mi madre y mi suegra no dejaban de presionar a Iván, mi marido, para que me hiciera entrar en razón: para ellas, una mujer con cuatro meses de embarazo... ¡debía parecer una mujer con cuatro meses de embarazo!

La inquietud de mi madre y de mi suegra acabó por llamar la atención de Iván (mi marido), quien me obligó a consultar de inmediato al ginecólogo. Desde mi punto de vista, no había problema alguno: el bebé se desarrollaba normalmente, ya que lo sentía moverse con frecuencia y el primer ultrasonido lo reportaba en buenas condiciones.

Como el segundo ultrasonido se realizaría la semana siguiente, Iván insistió en aprovechar para ver al ginecólogo. De hecho, no hubo necesidad de hacerle consulta alguna, porque el examen reveló que no había uno, sino ¡dos bebés! El ginecólogo estaba sorprendido de que el radiólogo que había hecho el primer examen no hubiera notado nada. Iván y yo no estábamos asombrados, ¡estábamos pasmados!

Los hechos cambiaban todo: mi aumento de peso era apenas tolerable para un bebé, según el ginecólogo, pero insuficiente para dos, así que me prescribió una dieta especial para gemelos. La seguí escrupulosamente y, tras el consejo de una amiga, me metí a una terapia de programación neurolingüística (PNL).

Mi amiga me acusó de no estar consciente de cómo arriesgaba a mi bebé, o más bien, ¡a mis bebés! Al escucharla, todo cambió. De golpe me asusté y empecé a comer y a comer para recuperar el tiempo perdido. Las sesiones de PNL también me ayudaron mucho porque, a diferencia de lo que yo había temido, este método no pretendía explorar mi pasado y el porqué de mi problema. Al contrario, descubrí que se trataba de un medio sencillo, pero muy eficaz, para modificar mis acciones negativas. Pues eso eran, ni más ni menos: actos negativos y nefastos.

Desde el inicio de mi embarazo hasta el nacimiento de Minerva y Miguel subí dieciocho kilos. A Iván le parecía que me iban bien. Nuestras amistades y la familia también alabaron mis redondeces, insistiendo en que resaltaban mi feminidad, algo que nunca habían notado antes. Aquella era una manera no muy elegante de criticar mi delgadez y mi obstinación en creer que me sentía bien con mi cuerpo, cuando de hecho pasaba el tiempo contando calorías y torturándome.

Después del embarazo conservé dos de los kilos ganados, además de los tres que había perdido inútilmente antes de quedar encinta. Finalmente me siento bien con esos cinco kilos extra, y escucho más la opinión de los demás, empezando por mis hijos, mi marido y mi familia. Ahora me preocupo menos de mi apariencia y más de mis sentimientos y de mi bienestar.

Programación neurolingüística

¿De qué manera puede ayudar la PNL
a la futura mamá que sufre por su imagen?

El embarazo es un periodo importante en la vida de la mujer porque las condiciones físicas que produce están en contradicción con la mayoría de las normas que ha fijado la sociedad actual. Así, se glorifica la panza "abultada" de la mujer encinta, pero se critica a las "gordas sin motivo", idealizando la delgadez y hasta la flacura.

Vivimos en una época en la que nuestra imagen tiene más importancia que nuestro auténtico ser: "soy aquello que aparento", parece decir nuestra era. A diferencia de las filosofías que consideran que el alma es independiente del aspecto corporal, hemos llegado a percibir la apariencia física como un elemento esencial de la personalidad, si no es que *el* elemento en que ésta se basa por completo.

Los medios de comunicación, pero también muchos médicos, tienen gran parte de la responsabilidad en esta apología de la flacura. La prueba: ¿por qué seguir recomendando dietas cuando se sabe que, en casi el 90% de los casos, el peso se recuperará unas semanas después de volver a la alimentación normal?

Todo el problema se reduce a la falta de confianza en uno mismo: ¿cómo evitar esta concepción corporal según la cual todo-el-que-es-delgado-es-bello, si no es mediante la confianza en uno mismo?

Luz María no sufre anorexia nerviosa, la cual es una verdadera enfermedad, pero sí es extremadamente perfeccionista y, para que su imagen corresponda a la que ella misma se fijó como ideal, se plantea objetivos muy elevados. La programación neurolingüística puede ayudar a quien tenga un problema de imagen, un sentimiento de culpabilidad respecto de la comida, o bien una falta de confianza en sí mismo. Este método propone la exploración de nuestras realidades personales verdaderamente útiles con el propósito de que cada cual pueda aceptarse como quien es en realidad, y no como los demás quisieran que fuera, y tampoco como lo que es por accidente (a causa de prejuicios, lugares comunes, etcétera).

Por ejemplo, la práctica de ciertos ejercicios de PNL ayudará a Luz María a redefinir metas más apropiadas, elaborando un esquema de transformaciones posibles. Los puntos de comportamiento por tratar podrían ser:

- Los objetivos: reflexionar sobre lo que queremos permite visualizar los resultados por lograr.
- ¿Cómo y por qué? Analizando el cómo, descubrimos el proceso de las metas que deseamos alcanzar, y al interesarnos en el porqué, podemos determinar nuestros propios criterios y valores.
- Las posibilidades: en lugar de impacientarnos con las limitaciones, preocupémonos por las oportunidades y las elecciones que hay que tomar. Los límites que nos fijamos suelen ser presupuestos y no realidades (*véase abajo* la curiosidad).
- La retroalimentación: partiendo del hecho de que cada quien hace siempre la mejor elección posible en un momento dado y en función de sus posibilidades y conocimientos, es imposible fracasar; únicamente hay un "regreso de información", y la ausencia de resultado sólo es una oportunidad más de aprender a proceder de otra manera.
- La curiosidad: para avanzar y alcanzar un objetivo hay que saber tener curiosidad por los demás y por su manera de proceder, haciendo a un lado nuestros prejuicios, forzosamente limitantes. Las creencias también son muy restrictivas en cuanto a realizar el cambio esperado. Una creencia se define como una afirmación personal que consideramos cierta. El conjunto de nuestras creencias se construye sobre un sistema coherente que constituye nuestro "modelo del mundo". En el caso de Luz María se trata de una creencia que define un peso ideal; sin embargo, para que un ideal sea justo y realizable no debe ser decretado por los medios, sino por la persona misma en función de su realidad, de sus objetivos realizables y de sus verdaderos valores.

Luz María adquirió una nueva confianza en sí misma al identificar sus cualidades internas, lo cual le permitió llegar a pensar y actuar positivamente en relación con su verdadera escala de valores y no en la escala decretada por el entorno. El cambio fue posible desde el momento en que Luz María creyó que la modificación era "posible", "buena" y "justa" respecto de sus criterios de valor. En otras palabras, en el momento en que ninguna creencia le impidió alcanzar su meta.

La pregunta que suele surgir es: "¿entonces la PNL nos permitiría realizar finalmente todos nuestros deseos?". ¡Nada más lejos de la verdad! Aunque este método es eficaz y apreciado, no hay que olvidar que no todo puede ni debe realizarse. Muchos terapeutas de PNL utilizan el siguiente texto, que determina perfectamente la frontera entre las acciones realistas y las fantasías:

> *Concédeme serenidad para aceptar aquello*
> *que no puedo cambiar,*
> *fuerza para cambiar las cosas que sí puedo,*
> *y sabiduría para distinguir la diferencia*
> *entre unas y otras.*
> (Plegaria de la serenidad,
> atribuida al emperador romano Marco Aurelio)

Pero, ¿qué es la PNL? Los fundadores de este método, John Grinder (lingüista) y Richard Bandler (informático), no deseaban que la PNL fuera catalogada como una "terapia psicológica"; sin embargo, ¡ambos son doctores en psicología! De hecho, consideraban que, con demasiada frecuencia, las terapias psicológicas colocaban al paciente en una situación pasiva respecto del terapeuta. Por consiguiente, buscaron un método simple, rápido y eficaz que permitiera a cada individuo reapoderarse de sus propias capacidades y utilizarlas con el propósito de tratar de convertirse en aquello que desea. Para lograrlo, Richard Bandler no vacila en afirmar que "la PNL brinda la clave para usar el cerebro". No obstante, para ello primero es necesario "desacondicionarse". Por consiguiente, la PNL se definiría como un "proceso educativo". En efecto, al comparar el cerebro humano con una inmensa computadora –siendo el primero más potente que cualquier máquina, pero del cual solemos ser prisioneros–, Grinder y Bandler, contrarios al concepto de que "todo se aprende antes de los cinco años", aseguran que el ser humano es una máquina de aprender que debería funcionar toda la vida.

¡Pero no de cualquier manera! Para comprender cómo era posible que cada individuo instaurara cambios duraderos en su personalidad y pudiera acceder más fácilmente a sus recursos personales, Grinder y Bandler observaron a gente considerada modelo de excelencia en distintas áreas de acción, "desmenuzando" los comportamientos específicos que les permitían alcanzar sus metas; luego desarrollaron herramientas para describir con precisión esos tipos de comportamiento. Mediante técnicas basadas en nuestra experiencia sensorial, cada quien puede convertirse en lo que realmente es.

Un ejemplo sencillo: en lugar de preguntar por qué algo no funciona, la PNL prefiere preocuparse por cómo hacer para que funcione bien mediante técnicas de disociación, anclaje (o asociación), reencuadre, trabajo sobre los procesos y otras, para ayudar a cambiar o a mejorar los comportamientos o las actitudes.

¿Qué hace que la PNL sea todo un éxito? El contexto "práctico" del método y sus resultados rápidos. Pero, sin importar cuál sea el problema, se requerirá perseverancia y motivación para alcanzar el objetivo fijado. Recordemos que el sujeto mismo es quien realizará el trabajo que conduce al cambio; aunque contará con la guía del terapeuta, no deberá esperar que lo "toque con su varita mágica": su involucramiento personal será lo que le conduzca al proceso de cambio.

Marcela.
¿Cómo aceptar al bebé antes de que nazca?

Menos de dos años después de casarme con Domingo quedé encinta. Mis senos aumentaron de peso y me dolían, sentía antojos y náuseas matinales, comencé a subir mucho de peso... ¡Sufría todos los consabidos síntomas!

Tanto para mí como para mi marido dar la vida es algo sagrado. Tal vez por eso las mujeres que se preocupan por saber cuál será el sexo de su bebé me dan risa. Para mí no era importante si el bebé que llevaría en el vientre durante nueve meses sería niño o niña.

Domingo y yo creamos rápidamente un aura de amor en torno del bebé. Todas las noches pasábamos horas acariciando mi vientre y comunicándonos con el feto. Esos momentos de intimidad entre los tres contaban mucho para mí. ¿Cómo decirlo? No sabría explicar por qué, pero en el fondo de mí misma sabía que mi bebé sería diferente. Quizá por eso me negué a que hicieran el primer ultrasonido. Necesitaba tiempo. Pero era como una certeza anclada en mi interior: el bebé necesitaba de todo nuestro amor porque era diferente. Lo platicamos y me sentí tranquila de haber compartido mis dudas y mis certezas con mi marido pero, claro, él pensaba que toda mi preocupación era consecuencia de mi estado.

Sin embargo, al realizar el ultrasonido del segundo trimestre mis sospechas se confirmaron: nuestro bebé presentaba un ries-

go elevado de sufrir trisomía 21 (síndrome de Down). Domingo comprendió entonces lo que yo trataba de decirle. Con mucha calma me dijo que se sentía capaz de asumir la responsabilidad de criar a un niño diferente si yo así lo deseaba y creía tener la fuerza para hacerlo. Hubieran visto la cara del radiólogo en ese momento; el pobre... ¡tuvimos que tranquilizarlo!

De hecho, Domingo y yo estábamos en una etapa en la que ese descubrimiento no podía cambiar en nada el amor que ya sentíamos por nuestro bebé. Gracias a los lazos que habíamos creado, sabíamos que tendríamos la fuerza para seguir hasta el final esa aventura y recibir al bebé como era debido. No podía ser de otro modo, dado que mucho antes de nacer ya lo amábamos.

Fortalecidos por la decisión de conservar al bebé, pensamos que todo sería sencillo. Pero no fue así. El radiólogo insistió en ponerse en contacto con mi obstetra para darle la "mala noticia". Éste trató de disuadirnos de continuar con el embarazo, insistiendo en las fuertes responsabilidades que pesarían sobre nosotros toda la vida, en la probabilidad de "hacer otro bebé" que tuviera más posibilidades que éste, ¡como si el niño que crecía en mi vientre no importara, o importara muy poco!

Decidimos cambiar de clínica y de médico. Pedí que me atendiera una partera, como a muchas otras mujeres embarazadas. Dado que la maternidad tenía acceso a mi expediente médico, ¿por qué agregar un peso más a la espalda?

Con todo, hubo que preparar la llegada del bebé. ¿Habría que decírselo a nuestra familia? ¿A nuestras amistades? Todos, sin excepción, nos aconsejaron el aborto. Para asegurarles que teníamos la capacidad de recibir y educar a un niño diferente, y para prepararnos para el futuro, decidimos tomar una terapia.

Como soy una apasionada del dibujo le propuse a Domingo unas sesiones de terapia creativa. No quería que nos lanzáramos a un proceso largo que implicara cuestionarnos sobre el porqué y el cómo de nuestra infancia.

La terapia creativa es un enlace agradable entre la creación y la psicología. Dibujar al niño que va a nacer permite proyectarlo en el futuro para "verlo" crecer y evolucionar. Así podríamos, los tres, situarnos en diferentes etapas de nuestra vida.

Paradójicamente, fue Domingo quien sacó el máximo provecho de esa terapia. ¿Quizá porque yo tenía menos necesidad de tranquilizarme respecto del futuro del bebé por el hecho de que crecía en mi interior? Domingo, en tanto espectador, no podía percibir las mismas sensaciones que yo, aun cuando había logrado establecer una relación muy tierna con el feto. Gracias a la terapia creativa pudo permitir que resonaran sus sentimientos más profundos. La idea de diferencia la había asimilado ya, pero adquirió una fuerza y una valentía que ayudarán a que nuestra hija se ubique respecto de los demás niños y acepte su discapacidad.

De todas maneras, con o sin la terapia creativa hubiéramos asumido plenamente nuestras responsabilidades en relación con nuestra niña discapacitada, pues éstas son fuertes, no hay que hacerse ilusiones: ¿podrá ir a la escuela con otros niños? ¿Podrá trabajar algún día? ¿Cómo podemos asegurar su futuro en caso de que nos pase algo?

Estas son preguntas que tuvimos tiempo para plantearnos antes de su nacimiento. Por eso pudimos recibirla como a cualquier otro niño.

El resto de mi embarazo transcurrió normalmente, según "mi" concepto de normalidad, claro. Si bien algunas veces sentí reticencia por parte del personal de la maternidad, nunca escuché crítica alguna respecto de nuestra decisión. Fue a nuestros amigos y familiares a quienes más trabajo nos costó convencer, pero Domingo y yo estábamos lo suficientemente fuertes para enfrentar todas sus reservas porque, aun sabiendo que la trisomía puede desencadenar problemas de salud en el niño que la padece —especialmente problemas cardiacos—, teníamos también la convicción de que nuestro bebé se estaba desarrollando bien en el útero. Si hubiera sido de otra manera, nuestra decisión habría sido distinta, evidentemente. Pero en este caso estábamos conscientes de que actuábamos como futuros padres responsables.

El día del parto el personal de la maternidad se portó genial: enterados de nuestra historia y seguros de nuestra capacidad para recibir y educar a un niño discapacitado, nos trataron igual que a los demás padres.

Di a luz una niña deseada y amada. Nos dimos el tiempo para hablarle y tocarla. Es increíble la necesidad que teníamos de acariciar sus manitas, de maravillarnos con esa cosita hecha bolita que unos minutos antes no habría calificado como "pequeña". Hay que ver cuán orgullosos estábamos de nuestra bebé.

Mi estancia en la maternidad transcurrió sin novedad. Julieta, nuestra hija, estaba tranquila, se alimentaba correctamente, abría los ojos como para observar mejor a las personas que la mimaban. Más tarde, la kinesiterapeuta nos recibió, a Julieta y a mí, como a todas las demás parejas de madre e hijo. Participamos alegremente en las primeras sesiones de reeducación postnatal, yo recostada sobre el tapete de gimnasia con Julieta a mi lado. Como las otras mamás que estaban allí, sus gritos me interrumpían; como los demás niños presentes, tomó pecho entre dos movimientos. Me sentía plenamente confiada.

Después de seis meses, Julieta es una bebé hermosa: sus rasgados ojos oscuros y su minúscula nariz le dan un leve aire malicioso. Me niego a comparar sus aptitudes con las de otros bebés, aunque a veces tenga la tentación de hacerlo porque siento que ella es tan capaz como los demás de sostener erguida la cabeza o seguir con los ojos los animales de su móvil musical. La terapeuta que vimos nos aconsejó que lleváramos una bitácora de Julieta para dársela más adelante, así que mantengo al día su diario desde que salí de la maternidad, y he agregado muchas ilustraciones al texto. Luego insertaré los dibujos que haga Julieta.

Vivimos al día. Aún no hemos pensado en el futuro de Julieta ni en la estructura escolar que la aceptará. Estamos en contacto con una asociación de padres de niños trisómicos, y los intercambios nos hacen mucho bien.

Por el momento, Julieta se parece a los demás bebés, pero tarde o temprano desarrollará más y más las características que definen su discapacidad. Así son las cosas. Nosotros estamos preparados desde hace mucho tiempo, aunque no por ello deja de ser una niña mimada y adulada por sus padres, sus abuelos, sus tíos y tías...

La terapia creativa

¿Qué puede aportar la terapia creativa a los padres de un bebé trisómico?

En ocasiones nos faltan palabras para expresar un estado de ánimo, un trauma, una emoción, un deseo... La terapia creativa permite formular esos sentimientos por la vía de la creación artística. Este método implica al mismo tiempo el dominio de una herramienta y del lenguaje analógico (no verbal).

La terapia creativa es una forma de psicoterapia que utiliza la creación artística para entrar en contacto con nosotros mismos, revelar nuestras propias sombras y luces, y transformarnos. Se puede basar en el dibujo, la pintura, el *collage*, la escultura y la fotografía. Esta comunicación por medio de la imagen permite infiltrar las problemáticas inconscientes del individuo y conducirlo hacia un cambio positivo.

La práctica del arte con fines terapéuticos no es un concepto nuevo. En la Grecia antigua ya se pensaba que las artes tenían un efecto curativo. Para Carl Jung, los beneficios de la expresión por medio del dibujo son indudables. Este discípulo de Freud marcó la historia del psicoanálisis al separarse de su colega para adoptar un espíritu más abierto: mientras Freud hablaba de un inconsciente capaz de lo peor, Jung veía en el inconsciente humano un recipiente lleno tanto de lo peor como de lo mejor. Según él, lejos de ser el basurero moral del hombre, el inconsciente está repleto de posibilidades. En la actualidad, la terapia creativa forma parte de la enseñanza universitaria en muchas naciones, aunque a veces sólo se le utiliza como parte de otras terapias: cuando a un paciente se le dificulta expresar lo que siente, o en el caso de niños que han sido víctimas de abuso sexual.

Los enfoques difieren según los terapeutas. Para algunos, la expresión libre no vale la pena a menos de que el paciente haga su dibujo con los ojos cerrados, evitando el esteticismo para favorecer la concentración. Para otros, la creación inconsciente pasa por el análisis que el terapeuta realiza directamente sobre el dibujo. Otros más prefieren ser sólo guías del paciente, sin influir en su interpretación.

La terapia creativa está dirigida a todo aquel que desee emprender un proceso de desarrollo personal. Tiene pocas contraindicaciones: las personas que sufren una depresión profunda serán malos pacientes, al igual que los artistas, quienes difícilmente aceptarán poner en peligro su talento con el propósito de explorar su interior. No obstante, es primordial escoger bien al terapeuta porque, si bien es posible tener talento artístico sin haber estudiado artes plásticas, en la psicoterapia no hay cabida para la improvisación, y menos si se trata de una problemática seria, como en el caso de Marcela, Domingo y su hija trisómica.

La trisomía 21 es la primera rareza cromosómica descrita en el hombre. Fue descubierta en 1833 como una curiosidad mental, pero no fue sino hasta tres años más tarde que el médico inglés John Langdon Down notó un rasgo particular en el rostro de un grupo de niños con retraso mental, y les dio el nombre de "mongólicos" en referencia a la población de Mongolia. En 1959, Jérôme Lejeune, Raymond Turpin y Marthe Gautier expusieron la causa genética de este síndrome: si bien el humano "normal" posee 23 pares de cromosomas (o sea 46 cromosomas), el "mongólico" presenta la particularidad de tener tres cromosomas en el grupo 21 (es decir, 47 cromosomas en total). De esta especificidad surgió el término trisomía 21. Sin embargo, este término, al igual que el de "mongólico", ha ido desapareciendo a favor de "síndrome de Down", nombre oficialmente reconocido por la Organización Mundial de la Salud en 1965.

El individuo con síndrome de Down presenta particularidades físicas y psíquicas, pero cuidado con los prejuicios: si bien las personas que tienen trisomía 21 muestran rasgos físicos comunes, también poseen diferencias significativas gracias a la dedicación de sus padres y a los logros adquiridos mediante la educación.

Los signos que presentan al nacer, de acuerdo con los especialistas (cabeza, boca y nariz más pequeñas que las normales, ojos rasgados, cuello más corto, etcétera), no son ley. Algunos serán poco o nada evidentes en ciertos casos.

A pesar de todo, una serie de anormalidades físicas y psíquicas suele asociarse con el síndrome de Down. He aquí los problemas de salud más frecuentes que se han hallado:

- Cardiacos: de acuerdo con diferentes estudios, entre 40 y 50% de los niños que sufren trisomía 21 son portadores de una enfermedad cardiaca de gravedad variable según los individuos.
- Endocrinos: el hipotiroidismo afecta a numerosas personas con síndrome de Down, lo cual conlleva un retraso del desarrollo psicomotor y una pérdida de dinamismo. La obesidad también es frecuente, y afecta a cerca del 15% de los niños trisómicos.

- Inmunológicos: aparentemente, las personas con trisomía 21 son más sensibles a las infecciones que la población "normal".
- Oftalmológicos y auditivos: además del riesgo de sufrir infecciones frecuentes, las anormalidades ligadas al síndrome representan un peligro mayor todavía, sobre todo la opacidad de la córnea, que puede afectar la vista, o las anormalidades del oído, que pueden culminar en una pérdida de la audición.
- La hipotonía (falta de tono muscular) es una realidad que caracteriza al niño trisómico. Afecta todos los músculos del cuerpo y puede ser desconcertante para los padres, sobre todo durante los seis primeros meses. No es sino después de este periodo que los músculos del niño adquieren un poco de tonicidad. Se ha demostrado que, aunque esta condición conlleva un retraso del desarrollo psicomotor, el niño trisómico requiere aliento y estímulo. Eso permite una mejor evolución física y psíquica. Es esencial que el niño sea observado y seguido desde temprano por un kinesiterapeuta o por un osteópata, quienes recomendarán movimientos que correspondan a los diferentes estadios de su nivel de desarrollo.
- Los retrasos intelectuales: además de irrespetuoso, es un error considerar que los niños trisómicos son "débiles mentales". Ya se ha comprobado que, cuando gozan de un ambiente adaptado y estimulante, estos niños son capaces de aprender y memorizar sus experiencias. La única diferencia reside en el tiempo –más largo– que requieren para lograrlo. Recordemos que un niño trisómico de 10 años tiene una edad mental de cinco. Al compararlo con un niño "normal" de cinco años, es posible constatar que ambos tienen la misma percepción de las cosas, debido a su edad mental "similar".

- Los retrasos lingüísticos: si bien la estructura del diálogo entre el niño "normal" y el adulto se afianza a partir del primer año de vida, en el caso de los niños trisómicos esto no ocurre sino hasta la mitad del segundo año. Ahora bien, sabemos que la comunicación no acaba en el diálogo; la comunicación entre un bebé y su entorno reviste múltiples facetas: los juegos, los contactos, las miradas, el tacto... todos ellos son medios de comunicación. De ahí la importancia de establecer un lazo temprano; con estímulo, los niños afectados por la trisomía 21 pueden progresar en su aprendizaje.

Algunas de las anomalías citadas están presentes desde el nacimiento; otras pueden aparecer con el paso del tiempo. No todas afectan por igual a la persona, pero es esencial detectarlas lo antes posible para evitar mayores complicaciones. El seguimiento individualizado y mucha atención serán su mejor freno.

Hoy uno de cada mil niños nace trisómico; 15% de ellos son abandonados al nacer. Cuando se lleva a cabo un diagnóstico prenatal, el 95% de los padres optan por el aborto. Entre los métodos de diagnóstico existen algunos que no son invasivos (ultrasonido, prueba sanguínea de la futura mamá), y otros que sí lo son (prueba de la amniocentesis, toma de trofoblasto, toma de sangre fetal). La elección del examen o exámenes es decisión del especialista, en función de la fase del embarazo y de la probabilidad de anomalía. Ciertos exámenes requieren pruebas complementarias. La amniocentesis implica un riesgo de aborto o infección para la futura mamá. Por lo tanto, es primordial solicitar información a los especialistas.

Andrea.
¿Cómo ayudar al futuro papá
a encontrar su lugar?

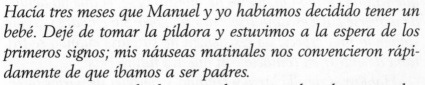

Hacía tres meses que Manuel y yo habíamos decidido tener un bebé. Dejé de tomar la píldora y estuvimos a la espera de los primeros signos; mis náuseas matinales nos convencieron rápidamente de que íbamos a ser padres.

En nuestro círculo de amistades éramos los últimos en dar este paso. Por lo tanto, cuando recibieron la noticia, se la pasaron burlándose de Manuel. De hecho, mi marido era como "papá gallina" con los hijos de nuestros amigos, y llegaba hasta a consentirlos de más. Esto había creado ciertas tensiones, pero Manuel no podía dejar de comprarles juguetes, ropa y dulces a los niños, como para llenar un vacío que quizá sintió como hijo abandonado. En efecto, nunca conoció a sus padres, quienes lo abandonaron al nacer. Pasó toda la infancia con familias que lo acogían y en instituciones públicas. Él es muy discreto con esta etapa de su vida, pero yo sé que sufrió mucho. La prueba es que no guardó contacto alguno con las familias que lo acogieron.

Ahora que Manuel iba a tener a su propio niño para consentirlo, ¡nuestros amigos podían suspirar de alivio!

Durante los primeros meses, Manuel se lanzó de lleno a la experiencia, pero para nada como yo lo hubiera esperado. Compró muchos libros sobre maternidad, toda la ropa del bebé, el material de puericultura, pero parecía distante conmigo y con nuestro bebé. Cuando sentía que el bebé se movía, me apuraba para poner la mano de Manuel sobre mi vientre, pero esto parecía incomodarlo. Si no lo hubiese visto en contacto con otros niños habría creído que tenía miedo de mi nuevo estado. Pero no, no cuadraba con mi marido tenerle miedo a un niño, ¡y menos a un futuro niño!

Platiqué con mi ginecólogo y él me tranquilizó, explicándome que a menudo los futuros papás sentían un poco de aprensión, pero insistió en que pronto todo volvería a la normalidad.

Cuando me hicieron el primer ultrasonido me di cuenta de que Manuel estaba orgulloso de nuestro bebé, el que no dejaba de moverse para escabullírsele al radiólogo. Sin embargo, seguía sintiendo una especie de resistencia de su parte cuando se trataba de entrar en contacto con nuestro futuro bebé.

Hablamos de ello largo y tendido, y después de varios intentos de tratar de entender su actitud me confesó que tenía miedo de perderme. Temía que yo me interesara sólo en el bebé cuando naciera, y que pudiera olvidarlo a él. Confesó que no soportaría ser abandonado por segunda vez, menos aún a favor de su propio hijo.

Fue la primera vez que Manuel mencionaba ese rasgo de sí mismo que yo desconocía: nunca había manifestado celos por mí, pero en este caso era como un llamado de auxilio.

Hablamos con la partera que me daba seguimiento, y ella nos propuso que probáramos la haptonomía. Hablaba con tal pasión de este método que decidimos probarlo, pero teniendo en mente que tarde o temprano iríamos a consultar a un psicólogo.

¡La primera sesión de haptonomía fue una revelación! ¡Los resultados fueron mucho más conmovedores de lo que hubiéramos podido imaginar! Es uno de los pocos métodos destinados a futuros padres que no se lleva a cabo en sesiones colectivas. Nuestra historia requería cierta intimidad, y la haptonomía nos permitió revelarnos con toda confianza porque la consulta era privada: la mamá, el papá, el bebé y el terapeuta. De

hecho, éste mantiene un perfil bajo mientras los padres se divierten con el futuro bebé.

¡La primera vez es mágica! Pero el lado sobrenatural desaparece rápidamente para dar lugar a una relación muy íntima y respetuosa. Al entrar en contacto con nuestro futuro bebé los dos aprendimos mucho sobre nosotros mismos y nuestras capacidades. Manuel me confesó que se enamoró perdidamente de su bebé la primera vez que éste respondió a los "llamados" de su papá, acurrucándose bajo sus manos. El primer ultrasonido es sin duda conmovedor, pero comparado con la haptonomía, es poca cosa. De hecho, la haptonomía provoca sensaciones y emociones difíciles de describir, tan profundo es el involucramiento.

El pequeño Emilio nacerá dentro de unas semanas, pero nosotros ya nos sentimos padres plenamente. Manuel ya no tiene aprensión, ya no siente celos de nuestro bebé porque encontró su verdadero lugar: él sabe que, como padre, tiene un importante papel que interpretar.

Haptonomía

¿Cómo puede contribuir la haptonomía para que el futuro papá encuentre su lugar?

La haptonomía suele usarse durante el embarazo como método de preparación para el alumbramiento, pero tiene muchas otras ventajas.

Se trata, de hecho, de un primer encuentro entre el futuro bebé y sus padres mediante el contacto psicotáctil, el cual respeta los deseos y la disponibilidad del bebé por ser un método no invasivo. Se practica por medio de un tacto ligero, pero "internamente" profundo.

Dicho claramente: el papá y la mamá aprenden a invitar al futuro bebé a que entre en contacto con ellos, posando una mano sobre el vientre de la madre. Si el bebé está de buenas, irá a acurrucarse bajo la mano que lo llama, de una manera muy suave, haciendo que la piel del vientre sea más flexible aun donde antes estaba tensa; si el bebé no está de humor, los padres tendrán que esperar un mejor momento. Respetando los ritmos y los deseos del feto, la haptonomía ayuda a los padres a crear lazos afectivos con el bebé antes de que nazca, pero también durante los años siguientes, porque la práctica no finaliza en el momento del parto.

La experiencia debe repetirse tan a menudo como los padres deseen, en la intimidad del hogar entre cada sesión formal, y luego durante los años posteriores al nacimiento. En efecto, los intercambios se desarrollan de acuerdo con un calendario preciso adaptado a las diferentes fases del embarazo, el nacimiento y el desarrollo del niño. Las sesiones siempre son individuales porque el embarazo y el nacimiento se consideran acontecimientos íntimos. Por lo general, los encuentros prenatales deben empezar antes del final del sexto mes, o mejor aún: desde que el bebé empieza a manifestarse moviéndose en el vientre. En total se recomiendan ocho sesiones durante el embarazo y por lo menos cuatro después del nacimiento, con el propósito de prolongar los lazos que se formaron entre los tres protagonistas antes del parto. Durante las sesiones, los padres aprenden a comunicarse con el bebé, aprendizaje que es aconsejable fortalecer en casa.

¿Qué aporta exactamente la haptonomía? Como ya se mencionó, se trata de un encuentro prenatal entre el bebé y los padres. Para ello, hay que preparar a éstos para encontrarse con el niño antes de que nazca, de modo que se le perciba ya como un individuo: durante los nueve meses de gestación, los futuros padres procederán a la "individualización" del bebé, con el objetivo de planear su llegada al mundo como un encuentro y no como una separación. Esto puede hacerse con el pensamiento, la palabra o el contacto. Dado que el feto es muy sensible al tacto –basta, por ejemplo, con que la futura mamá pose su mano sobre su vientre para que el bebé que patalea se calme espontáneamente–, la haptonomía obrará en ese sentido, a condición de que el encuentro sea simple, profundo, espontáneo y respetuoso.

De hecho, cuando la pareja perciba una resistencia a dicho encuentro debe respetarla. Esta resistencia puede producirse ya sea debido a la madre o al niño. En la mayoría de los casos es porque los futuros padres, que esperan mucho de la haptonomía, están demasiado ávidos de entrar en contacto con su bebé. Sin embargo, para que tenga lugar el encuentro es necesario que los tres personajes estén disponibles, física, psicológica y afectivamente.

La presencia del padre es indispensable porque permite establecer rápidamente la relación triangular padre-bebé-madre. Un proverbio occidental dice acerca del progenitor que, si no puede llevar el niño dentro de su cuerpo, sí puede llevarlo en su corazón y en sus pensamientos. Así, en su psique naciente, el feto se sentirá amado, esperado y reconocido, y se abrirá confiadamente a la vida. Si el padre está ausente, una persona del entorno, cercana a la joven madre y muy involucrada en el embarazo, puede tomar el relevo; sin embargo, los terapeutas prefieren que dichos encuentros se lleven a cabo entre los tres protagonistas antes del alumbramiento. Salvo en casos excepcionales (enfermedad, ausencia, deceso), la haptonomía rara vez se programa sin el futuro papá.

La importancia del papel del padre en el embarazo y en el nacimiento se podría sintetizar con una sentencia china que dice: si la madre lleva al niño, al padre le corresponde llevar a la madre y al niño. Así, durante todo el embarazo y después, en el momento del parto, se le pedirá al padre que apoye a la madre; luego del nacimiento, a él es a quien le toca la responsabilidad de mostrar al bebé el mundo exterior.

El encuentro psicotáctil va más allá del simple encuentro entre los padres y el futuro bebé: según la invitación que se le haga, éste puede descender o subir dentro del vientre materno, lo cual tiene como objetivo resolver pequeños problemas con los que puede toparse la mujer embarazada como, por ejemplo, los dolores ocasionados por la presión del bebé sobre la vejiga o el diafragma. En el momento del nacimiento, los padres pueden invitar a su bebé a que se "lance hacia la salida". Así, gracias al lazo afectivo que se establece entre el padre, la madre y el bebé, la mujer puede vivir más fácilmente su parto, acompañando realmente al bebé y "compartiendo" el dolor con el papá.

Si bien este encuentro temprano entre el bebé y sus padres permite que éstos se sientan seguros de sus capacidades para recibir adecuadamente a su bebé, la haptonomía también ayuda a los infantes. Según los médicos, los recién nacidos "hapto" logran sostener la cabeza y la columna vertebral erguidas desde los primeros días. Suelen también ser más tranquilos y sonrientes que los bebés que no se beneficiaron de un contacto prenatal con sus padres. ¡Bebé sereno, padres serenos!

No por nada Frans Veldman, el fundador de la haptonomía, define su método como "la ciencia de la afectividad".

Hay que señalar que, aun cuando el término no está protegido legalmente ni tiene exclusividad alguna, su creador asevera que sólo el método enseñado en su centro puede considerarse haptonomía. Teóricamente, sólo las personas formadas por su equipo tienen el derecho de utilizar este método. Sin embargo, ante el éxito que ha tenido, no sólo existen otras escuelas (por ejemplo, el Instituto Científico de Haptonomía, establecido en los Países Bajos y dirigido por

Frans Veldman, hijo del creador y médico como aquél), sino que el concepto también ha inspirado varias tendencias basadas en la presencia y el tacto: "abandono corporal", "tacto terapéutico", "acercamiento creativo no dirigido", etcétera.

Silvia.
¿Cómo puedo lidiar con mi temor de perder al bebé?

Hace seis años mi madre, quien acababa de volverse a casar, tuvo un aborto. Todavía recuerdo su dolor cuando lo platicaba. Durante varios meses se negó a que la consoláramos su nueva pareja y yo. Parecía que nadie podía conectarse con ella.

Después, apoyada por mi padrastro, logró recuperarse... y mi hermanito nació al año siguiente. Juan Carlos, el marido de mi madre, no deseaba asistir al parto; entonces, naturalmente, le propuse a mi madre acompañarla. Primero se negó y la partera que la atendía le dio la razón. ¡A los dieciséis años yo no estaba lista! Insistí tanto, me mostré tan persuasiva, que acabaron por ceder. Tuve, sin embargo, que prometer que estaría dispuesta a retractarme en cualquier momento, y nadie me lo reclamaría.

El parto resultó muy bien. Bueno, mi conocimiento en el tema no era muy extenso, pero mi madre afirmó que el bloqueo epidural le había permitido sobrellevar mejor el dolor y, por consiguiente, estar más relajada. Además, yo creo que hacía todo lo posible por parecer tranquila con tal de no inquietarme.

Cuando nació mi hermano yo fui quien le cortó el cordón umbilical. Luego acompañé a la partera al área de cuidados postnatales y asistí a su primera revisión. Pero fue su papá el que le dio su primer baño. ¡Yo no me sentía suficientemente segura para ese tipo de manejos!

Me siento muy cercana a mi hermanito Leo. Con él jugué un poco el papel de segunda mamá, papel con el que sueñan muchas jovencitas. Dado que siempre fui muy cercana a mi madre, me sentí feliz de poder ayudarle y de verla tan plena.

No sé si cuidar a mi hermanito fue lo que me convenció de que tendría muchos niños, y mientras más temprano mejor; pero el hecho es que menos de diecisiete meses después de conocer a Adán, ya estaba encinta.

El primer mes estuve feliz con la noticia y no sentí pasar el tiempo. Estaba llena de júbilo, no dejaba de acariciarme el vientre... ¡demasiado plano para mi gusto! Desde el primer mes empecé a ponerme fajas de maternidad debajo de las camisetas, tan contenta me sentía de estar encinta. Adán me hallaba adorable, aunque un poco loca.

Luego, un poco antes del final del primer trimestre empecé a tener pesadillas: soñaba que abortaba. En la mañana me despertaba sudando, aterrorizada. No le dije nada a Adán, pero lo platiqué con mi madre. Como mujer, podía comprender mejor mi angustia y, en vista de que ya había vivido esa situación, supuse que me sabría consolar mejor. De hecho, no me consoló, pero me recomendó que consultara a un psicólogo para no echar a perder mi embarazo. Ella no le contó a nadie, pero había pasado su segundo embarazo con la obsesión de un nuevo aborto.

Fui a ver a un psicoanalista, pero su actitud fría y distante me desconcertó. Yo pensaba que la primera cualidad que debía tener un psicoanalista era la empatía. ¡Para nada! Estaba desilusionada y también un poco perdida.

Durante una visita a la maternidad, escuché a algunas futuras mamás hablar de sus respectivos cursos de preparación para el parto. Una mencionó la sofrología, palabra que jamás había escuchado. Discretamente seguí su conversación, pero luego no me pude contener e intervine haciendo un montón de preguntas.

Fue aquel día cuando decidí que ese método era exactamente lo que necesitaba. Al principio, cuando la terapeuta habló de sofronización, grados de relajación y desofronización, me entró el pánico. ¡No comprendía nada! Pero no son más que términos. Las sesiones se desenvuelven de manera relajada y fluida. Lo importante es tomar conciencia de las diferentes sensaciones que nos son propias, y entrar en contacto con uno mismo. Eso cuenta mucho a la hora del parto: poder sentir tu cuerpo y relajarte en él.

Desde la primera sesión de sofrología se atenuaron mis angustias de perder al bebé. Para el momento del parto ya habían desaparecido por completo. Gracias a este método no sólo logré dominar mis miedos –o mejor dicho, los miedos de que me había apropiado, pues tenían que ver con el embarazo de mi madre, no con el mío–, sino que también aprendí a tomar distancia respecto de muchas situaciones de la vida. Sobre todo en relación con mi hermanito y mi madre porque hasta entonces no había encontrado mi lugar de hermana e hija.

Mi bebé, quien nació exactamente hace dos meses y veintiún días, es –obviamente– el niño más hermoso sobre la tierra. Su papá y yo no paramos de extasiarnos ante la maravilla que creamos. Con él no tuve que buscar mi lugar: soy su madre y punto. ¡Y es e-nor-me!

Sofrología

¿La sofrología puede ayudarnos a combatir los temores relacionados con el embarazo?

Los abortos espontáneos son una realidad, pero ocurren en menos del 17% de los embarazos. Se caracterizan por la pérdida del embrión debido a un aborto no planeado, pero pueden pasar inadvertidos cuando la mujer no sabe que está encinta. En estos casos, el sangrado indica la pérdida del bebé, aunque la mujer puede confundirlo con una regla caprichosa.

En la mayoría de los casos, la pérdida del bebé ocurre cuando el embrión no es viable; es decir, si el huevo no se desarrolla normalmente, el organismo "decide" expulsarlo bajo la forma de sangrados. También puede ocurrir que el huevo se implante fuera del útero, en las trompas; en ese caso hay que proceder a la extracción lo más pronto posible. Una infección en las trompas o el útero, o la apertura anormal del cuello, pueden asimismo ser origen de un aborto espontáneo.

En el caso de Silvia, el miedo a perder a su bebé está relacionado con una situación que vivió durante la adolescencia y que la involucró, aunque indirectamente, porque se trataba de un drama que tenía que ver con su madre. El embarazo de Silvia despertó naturalmente ese dolor, del que ella se apropió como una manera de exorcizar el riesgo de un aborto espontáneo.

La sofrología le permitió tomar distancia respecto de este acontecimiento del pasado, y vivir plenamente su propio embarazo en el momento presente. Al disminuir su estado de ansiedad, ella pudo lidiar mejor con sus emociones y desarrollar confianza en sus propias capacidades. Así, pudo sacar adelante su embarazo, libre de angustias.

La práctica de la sofrología está ligada sobre todo al periodo del embarazo, pero su aplicación es más amplia. Permite acompañar cada etapa de la vida porque sus beneficios son múltiples: distensión nerviosa y muscular (en el caso de espasmofilia, por ejemplo), mejoría de las relaciones con el entorno, disminución de la ansiedad, del estrés, del insomnio, de los desórdenes digestivos; apoyo en el proceso de liberación de las dependencias (tabaco, alcohol, etcétera), desarrollo de la concentración, desarrollo personal y demás.

Alfonso Caycedo, fundador de la sofrología, se inspiró en el entrenamiento autógeno de Schultz, en la hipnosis, el yoga y la meditación para crear esta técnica, más adaptada al mundo occidental. Pero la sofrología conserva los mismos beneficios que los métodos citados, a saber: la estimulación de las funciones de autocuración para la relajación y el bienestar físico y mental. Etimológicamente, la palabra sofrología deriva de los términos griegos *sos* (armonía), *phren* (espíritu) y *logos* (estudio). Al reunir estos términos se obtiene la definición del método: el estudio de la conciencia en armonía.[1] La sofrología utiliza herramientas que todos poseemos, pero que utilizamos muy poco:

- La respiración, que mejora la oxigenación, libera los músculos y calma la mente.
- La relajación profunda, que permite que el cuerpo permanezca despierto y la mente acceda al "sueño despierto", un periodo de sueño paradójico que experimentamos cada noche al abandonarnos al descanso.
- La visualización, que a partir de sugestiones positivas establecidas antes de la sesión entre el terapeuta y la futura mamá, genera una evolución positiva de las pruebas a las que tememos.
- El desarrollo de las sesiones es un poco distinto según la modalidad de que se trate, individuales o colectivas.

Durante las consultas individuales:

- El terapeuta comienza por establecer un convenio con su paciente: le explica el funcionamiento del método, el desarrollo de las sesiones, el número de sesiones útiles, y determina también de antemano un ejercicio adaptado a su problemática.
- Después vienen las propuestas, que servirán para llevar a la paciente a un estado modificado de conciencia o "estado sofrónico", en el que nos encontramos justo

[1] Alfonso Caycedo, *Progrès en sophrologie*, 1969.

antes de caer dormidos, conocido también como "duermevela". Por ejemplo: "Elija la posición que le plazca, misma que podrá modificar en cualquier momento... Si desea, puede cerrar los ojos... Usted está presente dentro de sí misma, alerta a las informaciones de su cuerpo... Tiene conciencia de las diferentes partes de su cuerpo... Usted tiene conciencia de cada parte de su cuerpo: la cabeza, el rostro, la nuca, los hombros, hasta la punta de los dedos... Usted acoge las sensaciones en el nivel del pecho, del tórax, de la región dorsal, de la cintura... Observe los movimientos que acompañan su respiración... Está consciente de su pelvis, de los glúteos, de su perineo, de los órganos sexuales... Vive su cuerpo en conjunto, en su unidad... Está presente para usted... Observa su nivel de vigilancia, su nivel de conciencia...". La activación corresponde a un trabajo mental adaptado al caso particular de cada paciente para que logre visualizar objetivos precisos y concebir afirmaciones positivas.

• Finalmente, la paciente es invitada a salir de ese estado; éste es el proceso de "desofronización". El terapeuta lo anuncia con palabras como: "Ahora sale de la relajación, procedemos a la desofronización... Está atenta a los cambios que se dieron durante la activación... Mueva los pies, las piernas, los dedos, las manos, los brazos, la quijada, el cuello... active todo su cuerpo... Antes de retomar la posición inicial, haga tres o cuatro respiraciones profundas, estirándose, bostezando...".

La sesión termina con una plática con el terapeuta, durante la cual se procura que la paciente exprese las sensaciones que tuvo a lo largo de la experiencia.

En el marco de las sesiones grupales para futuras mamás, los ejercicios se centran en las preocupaciones más frecuentes de las mujeres encintas, con el propósito de aliviar los malestares relacionados con el embarazo, tomar conciencia del nuevo cuerpo, entrar en contacto con el futuro bebé, planear varios escenarios de parto para lograr vivir el nacimiento totalmente serena, pues ya no hay verdaderas sorpresas, etcétera. Para los problemas específicos, el o la sofróloga recomendará sesiones individuales con la futura mamá, sola o con la pareja.

La sesión colectiva dura aproximadamente una hora. Se requiere una sesión semanal para que las participantes puedan aprender las bases del método, de modo que luego puedan utilizarlo solas en casa. Se recomiendan unas diez sesiones, seguidas por una práctica personal regular, a razón de 10 a 15 minutos al día. Se considera que menos de tres prácticas personales por semana serían insuficientes para que la futura madre aproveche los beneficios de la sofrología durante el embarazo y el parto.

La sesión colectiva inicia con una breve presentación, durante la cual se invita a las participantes a que intervengan para definir el objetivo principal del grupo. Luego sigue la sesión de relajación, que se practica de pie y/o sentados. En este momento las participantes están en un nivel de conciencia particular –el nivel sofroliminal– que va a colaborar con la toma de conciencia de las sensaciones y con la dinamización de las estructuras positivas.

Finalmente se abre un espacio para el diálogo sobre el desarrollo de la sesión, durante el cual cada participante tiene la libertad de participar o no. A veces se propone que las futuras mamás escriban, para sí mismas, la experiencia vivida a lo largo de las diferentes sesiones de sofrología. Estos apuntes podrán comentarse durante algunas reuniones colectivas o en el marco de sesiones individuales, según el deseo de cada quien. Luego, para cerrar la sesión, el o la sofróloga propone responder las preguntas estrictamente técnicas.

En ambos casos –sesiones individuales y colectivas–, la sofrología se presenta como un acompañamiento en el viaje interior por medio de la voz del terapeuta. Gracias a la respiración profunda, a la relajación del cuerpo y de la mente, y a la visualización positiva, la sofrología permite que se reencuentre el arte de vivir en armonía con uno mismo.

No es en absoluto un método para "ver la vida color de rosa". La sofrología no propone desconexión alguna de la realidad: las dificultades cotidianas y los sentimientos negativos son indisociables de la vida. La sofrología ofrece simplemente la posibilidad de utilizar los recursos personales para abandonar una visión negativa o no realista y percibir las cosas tal como son realmente (deshaciéndonos de los sentimientos negativos que suelen "engordar" la realidad) y reforzar lo positivo que todos tenemos dentro.

Ana.
¿Cómo pude ignorarlo durante tanto tiempo?

Desde el punto de vista de mis padres, yo soy una manipuladora. Afortunadamente, mis suegros no creen una sola palabra y supieron acogerme en el momento en que más necesitaba estar acompañada.

Pero empecemos por el principio. Conocí a Juan cuando tenía apenas quince años y, como todos los jóvenes de mi edad, flirteamos durante casi tres años. En mi decimoctavo cumpleaños decidimos que era tiempo de pasar a cosas más serias. Como provengo de una familia muy estricta, mis padres no estaban al tanto de mi noviazgo con Juan ni de nuestra decisión de establecer una relación más íntima después de esos tres años de encuentros furtivos, que siempre ocurrían en el cuarto que él ocupaba en casa de sus padres. Éstos eran mucho más abiertos que los míos; conocían nuestro idilio desde el principio, y con gran gusto yo compartía algunas de sus comidas, acompañadas siempre de conversaciones animadas y cálidas. ¡Nada que ver con el ambiente de mi casa!

Para nuestra primera relación sexual juzgamos inconveniente utilizar un método anticonceptivo. Dado que ambos éramos vírgenes, tampoco utilizamos preservativo, pues no había riesgo alguno de transmisión de enfermedad. En cuanto a la píldora, confieso que ni siquiera lo pensamos... como no sabíamos si esa primera vez lo íbamos a lograr, no nos preocupamos con asuntos de contracepción.

La primera vez salió bien, así como otras muchas veces. Después de habernos tratado durante tres años, ¡nos redescubríamos!

Con toda nuestra euforia no vimos venir nada... ¡y menos un bebé! Claro, yo me llenaba de redondeces, pero pensaba que el amor me había hecho engordar. A veces me dolía el vientre, pero como mi regla siempre había sido irregular y dolorosa, no me inquieté. Mi periodo se fue volviendo más caprichoso, hasta el grado de desaparecer completamente, pero pensé que se debía a que hacíamos el amor muy seguido... ¡Nadie en nuestro entorno llegó a sospechar que pudiera estar encinta!

Sin embargo, cierto día sentí que un líquido se me escurría entre las piernas. Estaba en clase y me entró el pánico, pues creí que me había bajado la regla. Era pleno verano, y temí que mi pantalón se viera manchado en plena escuela. Me fui al baño sin haber pedido una toalla sanitaria, pero no había sangre. Sin embargo, estaba empapada. Inmediatamente empecé a sentir unos dolores tremendos en el bajo vientre, y fui a ver a la enfermera del colegio, quien me remitió al hospital de la zona por precaución, pues ella no entendía mejor que yo lo que me estaba pasando.

Cuando el médico de urgencias me examinó, me regañó duramente: ¿qué le estaba haciendo al bebé? ¿Nunca había oído hablar de la ruptura de la fuente? ¿Por qué no había ido al servicio de maternidad?

¡Yo estaba azorada!

No tuve tiempo de avisarle a nadie: Daniel nació en menos de una hora. Cuando di a luz, claramente sentí que el personal de la maternidad me observaba, evaluando mis reacciones. ¡Como si hubiera podido hacer otra cosa que amar a mi bebé a primera vista!

Las primeras personas a las que llamé fueron Juan y sus padres. Aunque estaban sorprendidos, todos aceptaron bien la situación. La mamá de Juan llegó con los brazos cargados de ropita, y su papá nos regaló una cámara de video para que no se nos escapara ni un valioso momento de la vida de nuestro hijo.

En cuanto a mis padres, más bien me fue mal: me acusaron de haber abusado de su confianza, de haber echado a perder mi vida, etcétera. A mi madre ni siquiera la conmovió su nieto. Creo que también estaba enojada porque había establecido lazos afectivos con la madre de Juan, siendo que ella y yo nunca fuimos cercanas. Pero no importa: ahora tengo a Daniel, que me hace sentir perfectamente feliz y plena.

Mientras terminamos nuestros estudios vivimos en casa de los papás de Juan y su madre cuida de nuestro bebé durante las clases. Los dos tratamos de prepararle un buen futuro, y agradezco a mis suegros que nos permitan hacerlo. Después de clases no ando de vaga como la mayoría de mis amigas de la escuela; ¡yo corro a ver a mi ángel! Juan y yo le hablamos de su historia, de su nacimiento… Aunque no comprende nada todavía, queremos que escuche que si bien llegó por accidente, lo amamos de todo corazón. Es importante que lo sepa.

Psicoterapias. Enfoque centrado en la persona (Carl Rogers)

¿De qué manera son útiles las psicoterapias en los casos de "negación de embarazo"?

Ana tiene mucha suerte de haber encontrado a personas comprensivas y amorosas: su compañero, pero también los padres de éste, le permitieron vivir bien el periodo posterior al nacimiento de su hijo sintiéndose acompañada.

Desafortunadamente, hay jóvenes mamás que no reciben el mismo apoyo. Por lo tanto, además de desarrollar un sentimiento de culpa hacia sus hijos, tienen dificultades para establecer lazos con ellos; no hay que olvidar que la falta de aceptación de un embarazo podría desembocar en el deceso del bebé, pues al estar en estado de conmoción, las jóvenes mamás son incapaces de brindar a sus bebés los cuidados necesarios.

Por ello es esencial que las futuras madres jóvenes que viven "embarazos ignorados" sean atendidas por los miembros de su familia o por un terapeuta.

Uno tendería a pensar que en nuestra época los fenómenos de negación del embarazo son casos aislados que involucran a jóvenes ingenuas. Sin embargo, la realidad es distinta: les ocurre a mujeres de todos los niveles socioculturales y de todas las edades, incluso en ocasiones a mujeres que ya tuvieron hijos. Igual que le sucede a una adolescente ignorante, la negación del embarazo puede afectar también a una mujer premenopáusica que, debido a lo caprichoso de sus reglas y a un aumento de peso considerable, pudiera confundir los síntomas.

Veamos otro caso: una mujer de treinta años todavía se asombra por el "milagro". Los médicos la habían declarado estéril ocho años atrás, por lo que nunca utilizó anticonceptivos. Su compañero, con quien se casó hace algún tiempo, fue informado de su "esterilidad" desde su primer encuentro. Él ya se había acostumbrado al hecho de que jamás tendría hijos... y he aquí que un bebé –¡su bebé!– los une en el momento en que hablaban cada vez con más frecuencia de divorcio. La mujer no se dio cuenta de nada: no engordó, no tuvo náuseas, ni siquiera sintió los movimientos del feto. Uno no puede imaginar ese tipo de sensaciones cuando se considera estéril. Al manifestarse un débil dolor, ella pensó que se trataba de una reacción al estrés que desde hacía algunos días estaba viviendo. Se metió a una tina caliente... y el bebé llegó ahí mismo, ¡sin avisar! La pareja la llamó

Esperanza porque están convencidos de que esa bebé secretamente deseada, aunque no esperada, es un regalo del cielo.

Otro caso: una mujer se presenta a consulta en la maternidad cercana a su casa: sus ciclos irregulares y la toma de la píldora le impidieron imaginar un embarazo. Ante los fuertes dolores uterinos que sentía empezó a considerar la posibilidad de estar encinta de algunos meses, temiendo que fuera un embarazo extrauterino. Al llegar a la maternidad, da a luz a su segundo bebé, nacido a término.

Sea cual fuere la razón de la negación (situación familiar dolorosa, falsa esterilidad, etcétera), la mujer necesita apoyo psicológico para poder entregarse a su nueva relación con el bebé y, a veces, con el papá, que puede reprocharle esa "violación de la paternidad", esos meses de embarazo de los que fue privado. Es, de hecho, recomendable que ambos padres reciban ayuda, pues cada uno de ellos ha vivido un trauma.

Empezar una psicoterapia implica, antes que nada, poner fin a la negación. La pareja es capaz de expresar entonces la conmoción que sintió al descubrir el embarazo inesperado. Las mujeres pueden dar un sentido a los cambios ocurridos en su cuerpo: el aumento de peso no fue, finalmente, resultado de un exceso de comida; el retraso o la interrupción de la regla no se debía a un capricho hormonal, etcétera. También le será posible poner nombre a las emociones y a los pensamientos que acompañaron el descubrimiento del embarazo o la llegada del bebé, hasta ahora inexplicables.

Las mujeres que confrontaron tardíamente su embarazo tendrán que vencer el miedo a la curiosidad y a las reacciones del entorno. En efecto, los allegados –familia, pareja, colegas, amigos y a veces los médicos consultados, que no descubrieron el embarazo o que consideraron que era un principio de embarazo cuando en realidad éste estaba a término– comparten la negación al ser "cómplices". Si la mujer no percibe la existencia de un bebé, ¿cómo podrían percibirlo los demás? En todo caso, sus familiares cercanos y el futuro papá suelen sentirse engañados y dudan de la sinceridad de la mujer cuando dice que "no sabía" que estaba embarazada. Al visualizar sus reacciones, ella aceptará con mayor facilidad las críticas que puedan hacerle y estará psicológicamente preparada para enfrentarlas. Lo que hay que evitar es que, una vez eliminada la negación, las mujeres sigan disimulando ante su entorno, porque en ese caso estarían pasando de la ignorancia a la mentira. Por el contrario, al revelar lo inimaginable pueden elaborar una representación del feto y anticipar un proyecto de vida con él.

La psicoterapia también permite trabajar sobre el sentimiento de culpa. Para eliminarlo en las mujeres que descubren tardíamente su embarazo, lo primero es explicarles que su caso no es aislado. Al dar nombre a la negación se logra verla como un mecanismo de defensa legítimo, que algunas personas usan en un momento difícil de su vida para proteger sentimientos y pensamientos complejos. Por otro lado, el hecho de que la relación madre-bebé haya iniciado tarde no significa que no se pueda establecer el lazo. Hay que ver cómo crece el feto a toda velocidad en el momento en que la madre acepta su estado: en unos días el futuro bebé –que siempre había sido discreto, al grado de empujar ciertos órganos para evitar que el vientre se abombara– retomará el lugar que le conviene en el vientre y florecerá a la vista. Aun si la relación no se establece sino hasta el nacimiento –en el caso de que la existencia del bebé se detecte hasta el momento del parto–, la madre puede recibir a su hijo con sorpresa, claro, pero también con amor y ternura.

No es necesario llevar a cabo una terapia larga: en general bastan algunas sesiones para cortar por lo sano y reubicar a estas futuras o nuevas mamás en una realidad feliz. Por lo tanto, han de privilegiarse las terapias llamadas breves, como el enfoque centrado en la persona, según el concepto de Carl

Rogers. Este psicólogo estadounidense (1902-1987) desarrolló su propio método trabajando con niños. Rogers se sentía alejado de los psicólogos clásicos y se orientó hacia el trabajo social, más cercano a la asistencia psiquiátrica, en la cual encontró una dimensión humanista de la que, según él, carece la mayoría de los enfoques psicológicos existentes (recordemos que el enfoque centrado en la persona fue fundado en la década de 1950). En efecto, Carl Rogers le reprocha a esas terapias basarse en la desconfianza en el paciente: a éste se le percibe como incapaz de elegir las metas que le convienen, y por lo tanto hay que fijárselas y guiarlo para que no se aparte del camino escogido. Y, por supuesto, al ubicar al paciente en esta situación hay que observarlo constantemente. En cambio, el enfoque centrado en la persona descansa en la confianza en el paciente y en la capacidad de cambio de cada organismo vivo, que se inscribe en el florecimiento, el desarrollo y la realización de todo su potencial.

¿Qué significa "enfoque centrado en la persona"? Carl Rogers lo define en los siguientes términos: "Cada individuo tiene en su interior capacidades considerables para comprenderse a sí mismo, cambiar la idea que tiene de su persona, sus actitudes y su manera de comportarse. Puede explotar sus propios recursos siempre y cuando se le brinde un clima de actitudes psicológicas facilitadoras que uno puede determinar". La terapia rogeriana se ubica, pues, dentro de los enfoques globales, que consideran que cada quien posee en sí mismo las capacidades de curarse, pero que no siempre tiene conciencia de ello. Por eso el terapeuta actuará como facilitador, ayudándolo a establecer acciones.

Para lograrlo, Carl Rogers se basa en las experiencias subjetivas del paciente. Éstas son las que cuentan; es esa realidad interna la que determina el comportamiento de una persona. La experiencia interna implica todo lo que ocurre en el interior de una persona en un determinado momento.

En ella se encuentran la experiencia consciente –es decir, el aspecto del campo fenoménico que se puede verbalizar y simbolizar– y la experiencia inconsciente –esto es, el aspecto del campo fenoménico que no se puede verbalizar ni simbolizar. En efecto, según Carl Rogers, una persona mentalmente "sana" puede verbalizar sus experiencias de manera completa y definida, mientras que la persona que no está "sana" mentalmente deforma y/o reprime sus experiencias, lo cual impide que las simbolice totalmente.

El enfoque centrado en la persona respeta tres reglas precisas:

- **La congruencia**, o bien la autenticidad: para que el paciente pueda acceder a su potencial, el terapeuta no debe asumir una fachada profesional o personal; debe ser verdadero y auténtico. No debe jugar un papel ni ubicarse por arriba del paciente. Claro está que eso no significa que deba decir todo lo que le pasa por la mente, pero si tiene sentimientos negativos deberá señalárselos a su paciente de manera moderada y respetuosa.
- **La consideración positiva e incondicional:** el terapeuta debe aceptar a su paciente de manera total más que condicional, sin juzgarlo. Debe aceptarlo íntegramente, evitando rechazar ciertos sentimientos y aceptar otros. Esta actitud positiva incondicional permite crear un clima que favorece el cambio.
- **La empatía:** para comprender el mundo interior del paciente, entender la manera en que éste ve las cosas y vive sus emociones, el terapeuta debe poder expresar verbalmente las emociones de aquél. Es decir, expresarlas en palabras si el paciente tiene dificultad para hacerlo por sí mismo. Esta escucha activa favorece los cambios.

Volviendo a la negación del embarazo, terminemos mencionando un hecho primordial: no siempre implica una ausencia total del deseo de tener un hijo; el problema es mucho más complejo. A tal grado, que este fenómeno se ha empezado a estudiar y a manejar paulatinamente en el seno de las maternidades con el propósito de ayudar a las parejas a superarlo.

Fernanda.
¿Cómo puedo lograr
el equilibrio?

*En las revistas y en la tele uno siempre ve a futuras mamás flo-
recientes: son bellas, están en forma ¡y con forma! En mi entorno constaté lo mismo. Es, pues, natural que pensara que mi
embarazo sería igual.*

*Sin embargo... desde las primeras semanas de mi embarazo
me molestaron las náuseas. Tuve que dejar de trabajar durante un tiempo porque el vómito me sorprendía en todas partes:
en la calle, en los transportes públicos, en la oficina. Afortunadamente estas molestias desaparecieron pronto, gracias a un
tratamiento homeopático.*

*Luego empecé a tener cambios de humor, y mi carácter se
transformó sin que yo pudiera hacer nada: me volví irritable y
susceptible. En la oficina, mis colegas no se atrevían a hacerme
comentario alguno sobre mi trabajo porque no soportaba las
críticas.*

*¡Como puede verse, el caos hormonal no me era nada ex-
traño!*

*Fue alrededor del cuarto mes que verdaderamente decidí
ocuparme de mí misma: además del tratamiento médico, movi-
licé todas mis energías –positivas y negativas– para no perderme en el desánimo porque mis negros pensamientos me estaban
llevando directo a la depresión.*

Como vivo en un lugar muy aislado, no había mucho de dónde escoger en cuestión de métodos: no quería consultar a un psicólogo, sino simplemente encontrar una práctica que permitiera a las futuras mamás vivir su embarazo con serenidad. Mi médico homeópata tenía un mural enorme en el que los terapeutas podían pegar sus anuncios. Fue así que encontré la actividad que realizaría: el canto prenatal.

En la primera sesión estaba un poco estresada porque pensé que me enfrentaría a un grupo de mujeres que sabían manejar las notas y la tesitura, aun cuando el anuncio aseveraba que no era necesario saber cantar para participar. Pero mi aprensión se desvaneció pronto porque el canto prenatal ¡es todo menos un curso de canto!

Para crear un ambiente cálido, antes que nada todas nos presentamos. Luego, la facilitadora insistió en que la acción no consistiría en producir sonidos hermosos o notas bellas: el canto prenatal es un trabajo con sensaciones. La facilitadora subrayó también que no se trata de un método contra el dolor, ¡ni soñarlo!

En aquel primer curso me sentí un poco desconcertada porque uno se da golpecitos en las partes óseas del rostro, se masajea los maxilares y la nuca... Este "despertar" de los huesos procura una relajación muscular y nerviosa, y ¡funciona!

Gracias al canto prenatal pude lidiar mejor con mis problemas físicos y psíquicos porque estaba relajada y mis malestares físicos también disminuyeron.

Por ejemplo, mis problemas de estreñimiento desaparecieron y sufría menos irritación gástrica. ¡Psicológicamente ocurre una verdadera metamorfosis! Al estar más serena, más centrada en mí misma y en mi bebé, pude restar importancia a los acontecimientos externos... ¡y aceptar las críticas!

Pero luego se reveló otra dimensión insospechada: gracias al canto prenatal pude establecer lazos estrechos con mi bebé, aun antes de que naciera. Con este método la futura mamá envía mensajes al bebé a través del canto, y éste también puede sen-

tir las emociones de la madre. O de su papá. Por eso le pedí a Samuel que me acompañara a los cursos, desde la tercera sesión, para que nuestro bebé se relacionara con ambos padres.

Quizá esto suene increíble, pero estoy segura de que Miriam, nuestra hija, reconoció a su papá desde su nacimiento: cuando él le habló por primera vez en la sala de parto, nuestra hija volvió la cabeza hacia la voz, ¡como para decirle que lo había reconocido!

Sin duda, el canto prenatal también me ayudó en el momento del parto. Es difícil describirlo... digamos que el hecho de movilizar los músculos y controlar la respiración para emitir sonidos permite concentrarse mejor en el trabajo que hay que hacer. No diré que no sufrí, pero estoy orgullosa de haber podido lidiar con mi dolor sin bloqueo epidural, nada más con Samuel al lado mío y mi propia voz.

No hace falta decir que ahora Miriam, Samuel y yo practicamos el canto postnatal y formamos un extraordinario trío cuando cantamos: desafinado, claro, ¡pero totalmente desinhibido!

Canto prenatal

¿Qué puede hacer el canto prenatal por el estado emocional de la futura mamá?

El canto prenatal surgió en la década de 1950, en Francia. Marie-Louise Aucher, quien era entonces cantante, estudiaba el impacto de las vibraciones sonoras sobre las diferentes partes del cuerpo humano. Luego, sus experiencias y descubrimientos la llevaron a interesarse en la receptividad del feto a este fenómeno. Fue en la maternidad de Pithiviers –en la que se han originado numerosas y muy respetuosas prácticas para ayudar a la futura mamá y al bebé– donde Marie-Louise Aucher se instaló cada semana frente al piano para permitir que mujeres y parejas le cantaran al niño por nacer, o al recién nacido. Sin embargo, fue en 1977 cuando el canto prenatal realmente vio la luz, gracias al encuentro de la investigadora y la partera Chantal Verdière.

El canto prenatal es una práctica interesante porque si bien la piel es el "primer oído" del feto, de acuerdo con los científicos que analizaron el tema, la audición como tal funciona ya a partir de los cinco meses de vida uterina.

Así, el oído se convierte en un privilegiado medio de comunicación con el mundo exterior. En el útero, el feto recibirá las vibraciones sonoras de los cantos: la voz de la mamá será, pues, un punto de referencia que lo acompañará desde la vida uterina hasta el alumbramiento. Esta certidumbre le da la seguridad afectiva que necesita antes y después de nacer. En el útero, el bebé se habitúa a los sonidos y los memoriza; después de nacer, esos ruidos, esas voces y música podrán tranquilizarlo o estimularlo.

Volviendo a la práctica del canto prenatal y a sus beneficios físicos y psíquicos sobre la futura mamá, podemos presentar brevemente los diferentes ejercicios sobre el despertar óseo, el trabajo de espalda y las distintas respiraciones. Cada etapa aportará una distensión física y nerviosa. Por ejemplo:

- El despertar óseo consiste en "activar los sitios de amplificación sonora", que son la cabeza, el pecho y el vientre. Con golpeteos y masajes ligeros sobre ciertas zonas precisas, se procura la distensión muscular y nerviosa necesaria para obtener una mejor receptividad a las vibraciones.
- El trabajo de la espalda despierta o sensibiliza cada vértebra ante la vibración. Todo el cuerpo, libre de tensiones, queda preparado para recibir los sonidos. Los ejercicios se adaptarán en función del avance del embarazo;

por ejemplo, al final del mismo se hará hincapié en la pelvis, para tonificarla y relajarla, mientras que en el caso de las madres primerizas se ascenderá hacia los hombros para estimular la lactancia.

- El aliento se trabaja mediante diferentes respiraciones: torácica, abdominal y costal inferior. En resumen, la primera atenúa las tensiones y tonifica la zona, lo cual permitirá, por ejemplo, que haya una buena lactancia al evitar la caída torácica; la segunda, la más profunda y relajante, desbloquea el plexo solar, que es el asiento de nuestras emociones; la tercera amplifica la voz sin provocar tensión en la laringe.
- Los efectos del canto prenatal son numerosos: toma de conciencia de las modificaciones ligadas al embarazo, bienestar, distensión física y psíquica, pero también una comunicación temprana con el bebé. Si al principio el feto no oye más que retortijones intestinales y los latidos del corazón de su mamá, rápidamente se interesará en la voz de ésta, que es la que mejor escucha porque le llega por medio de un doble canal de comunicación: las vibraciones aéreas y las ondas internas, repetidas sobre todo a través de los huesos. Aunque modificada por el ruido del entorno uterino, la voz grave de su papá también lo toca. Por eso los cursos de canto prenatal están igualmente abiertos a los papás.

La comunicación con el futuro bebé puede adquirir diferentes aspectos para la madre:

- Al centrarse en su cuerpo y en sus sensaciones toma conciencia del bebé que crece en su interior.
- Entra en contacto con su hijo mediante las vibracio-

nes generadas por el canto, lo cual crea una "envoltura sonora" tranquilizante alrededor del bebé.

- Puede expresar sus vivencias por medio de la voz y
compartirlas con su hijo; no hay que olvidar que al
nacer el bebé trae consigo las experiencias de sus
padres. Al involucrar al bebé en sus estados de
ánimo, la futura mamá permanece "conectada" con
su cría, compartiendo con ella tanto los buenos como
los malos momentos de su vida.

Como puede verse, cantar durante el embarazo genera
un clima de confianza en torno del futuro bebé y favorece una apertura respecto de su recibimiento. El canto prenatal ofrece también beneficios para el parto.

Gracias al uso de sonidos específicos, las futuras mamás
adquieren una predisposición a concentrarse, misma que
refuerza la capacidad de estar consigo mismas y con el bebé;
al estar consciente de su cuerpo, la futura mamá evita los
momentos de inquietud y de pánico que suelen manifestarse cuando nos hallamos frente a una situación desconocida.
Además, como asevera Fernanda, las vibraciones sonoras
ayudan a aliviar el dolor, sin hablar del hecho de que le
abren paso al bebé por medio de un trabajo sobre el perineo.
El papá no queda al margen, ¡al contrario! Él aporta su
apoyo gracias a su tono de voz porque funge como punto de
referencia eficaz tanto para la madre como para el bebé,
ambos acostumbrados a ese timbre particular.

Evidentemente, los cursos no terminan con el parto: después del alumbramiento el bebé se beneficia de manera
diferente de las vibraciones sonoras que lo "acarician" y le
dan seguridad. El lazo establecido *in utero* puede seguir for-
taleciéndose mediante la voz aérea. A partir de este periodo,
los padres no dejan de asistir a las sesiones con su bebé,
quien generalmente está encantado de ir a esa barahúnda

gozosa. No es raro que algunos, desde muy temprano, acompañen las vocalizaciones de sus padres.

Es interesante precisar que existen otros métodos que utilizan el canto, algunos de los cuales datan de hace varios siglos. Tal es el caso del yoga que, en su variante "yoga del sonido", no emplea ninguna postura sino prácticas tradicionales de origen tibetano, taoísta, persa y chamánico, a las que integra enfoques psicológicos y fisiológicos de la civilización occidental para adaptarlas mejor a nuestras costumbres.

Por medio de la resonancia de cantos armoniosos y sonidos sagrados, el yoga del sonido hace vibrar el conjunto de las células del cuerpo; los recuerdos se liberan y se establecen nuevas conexiones, lo cual permite que nuestro potencial se exprese plena y libremente.

La práctica del yoga del sonido se basa en la Palabra (*logos*) en forma de *mantra*, pero también en la emisión, el control y la escucha de la voz.

Esta práctica escribe la Palabra con mayúscula porque es una parte integral del ser humano. En efecto, no podemos integrar un concepto o un pensamiento sino a partir del momento en que somos capaces de nombrarlo. No tenemos conciencia de la existencia de algo hasta que lo hemos nombrado mentalmente. Para acceder a la Palabra, el yoga del sonido utiliza *mantras*, una combinación de sílabas que forman un núcleo de energía espiritual. Los *mantras* intervienen en la capa inconsciente de la mente y modifican sus significaciones. Con la vibración de la voz y la participación del cuerpo, el *mantra* libera a la mente de sus mecanismos y la impregna de una esencia vibratoria cuya calidad es única y propia de cada *mantra*.

Al igual que con el canto prenatal, el yoga del sonido no le da importancia alguna a la estética del sonido: sólo cuentan la experiencia y los beneficios que aporta. Cuando los practicantes hablan de calidad de la voz, se refieren a la capacidad de abrir la laringe (asiento de nuestras emociones), a la aptitud para descender hacia los sonidos graves y a la toma de conciencia del cuerpo, de la respiración y de la "recitación" de los sonidos.

Esta forma de yoga se basa en el principio de que no hay nada que conocer, nada que obtener, nada que demostrar. Basta, simplemente, con integrar el sonido en una práctica franca y cuidadosa, y vivir sus enseñanzas en el presente, impregnándose de la vibración sonora de la voz y dejándose llevar por el canto.

Norma.
¿Qué puedo hacer para deshacerme de esta sensación de pesadez?

Siempre he sido del tipo perezoso... No me agradaba hacer deporte y, hay que admitirlo, la escuela no hace que nos guste. Recuerdo mis clases de educación física: consistían en correr en el patio –sobre el cemento–, trepar por una cuerda, o fingir que nos divertíamos en la piscina municipal mientras las profesoras aprovechaban para hablar entre ellas.

Por lo tanto, es de lo más natural que haya decidido no practicar actividad física alguna durante mi embarazo. Para mí el embarazo era sinónimo de relajación y descanso, y estaba convencida de que sería mucho más agradable entrar en contacto con mi futuro bebé por medio de masajes que imponiéndole ejercicios físicos prenatales.

Sólo que... no contaba con las famosas hormonas.

Hacia el final del primer trimestre empecé a sufrir una sensación de pesadez: pesadez en las piernas, pesadez en la espalda y en el vientre, debido al aumento de diez kilos más el peso del bebé. Me habían salido venitas en los muslos, y pude ver que aparecían várices en las pantorrillas. ¡La noche era francamente insoportable! Además sufría estreñimiento crónico, según mi médico a causa de que mi peso y el del bebé acentuaban la falta de ligereza.

El doctor me recomendó practicar gimnasia acuática prenatal para desbloquear la circulación sanguínea y tratar el conjunto de mis malestares. Estábamos en pleno verano y, como hacía mucho calor, mi médico estaba seguro de que esa actividad me resultaría muy agradable. Además me caería de perlas porque la piscina municipal –aquella en la que había pasado mañanas atroces durante la infancia– brindaba sesiones para las futuras mamás.

Confieso que me inscribí "a la fuerza". Incluso pedí que se me diera una sesión de prueba.

Tuve que invertir en un traje de baño para embarazo. ¡Cuando me miré, me sentí tan seductora como una ballena! ¿Pero en qué piensan los diseñadores que conciben esos "costales"?

Entonces me presenté doblemente incómoda –por mi miedo al agua y por mi vestimenta– a mi primera clase de gimnasia acuática prenatal.

¡Resulta que me pareció genial! Conocí a otras futuras mamás e intercambiamos numerosos consejos, ideas y recomendaciones interesantes. En cuanto a los cursos, confieso que desde la primera sesión sentí los beneficios de la actividad tanto física como psicológicamente.

En este tipo de ejercicio se emplea agua caliente. La sensación es muy agradable, aunque no se sepa nadar, como en mi caso. Gracias al material adaptado –salvavidas, fajas, gafas, etcétera–, de veras me pude relajar y dejarme llevar por el agua. No sentía aprensión porque es una partera la que daba el curso; lejos estaba el maestro de natación que te arroja al centro de la piscina y te obliga a permanecer sumergida. Me sentía realmente bien en el agua, ¡no podía ni creerlo!

Siguiendo la sugerencia que me hizo una compañera del curso, para la segunda sesión me puse un traje de ciclismo maravilloso, talla 40, que me engordaba mucho menos que el traje de baño especial para embarazadas.

En cuanto a mis malestares, diré que desde la primera sesión mis problemas de circulación y de estreñimiento disminuyeron.

Aproveché los beneficios de la gimnasia acuática durante todo el embarazo. A medida que éste transcurría, la partera ajustaba los ejercicios. Lo reducido de nuestro grupo –éramos cinco u ocho mamás por sesión– le permitió personalizar las sesiones semanales para que cada participante pudiera beneficiarse de movimientos adaptados a su estado y a sus problemas particulares.

El trabajo de respiración no se olvida tampoco, lo cual me dio oportunidad de estar más tranquila a medida que se acercaba la fecha prevista para mi parto. Las tres sesiones de preparación clásica que brindaban en la maternidad me habían dejado perpleja. Explicar verbalmente cómo se debe respirar no deja nada en claro. En cambio, la práctica adquirida durante mis clases de gimnasia acuática resultó formativa, útil y desestresante.

Sentí todos los beneficios de la gimnasia acuática en carne propia, pero también en otros aspectos porque pude descubrir otra manera de comunicarme con mis chiquitinas… Pues sí, mi panza era resultado no de una, sino de dos bebés: Gabriela y Celia.

Pero de eso no me enteré sino hasta el parto porque no quise que me hicieran ultrasonidos. La partera que me atendió había mencionado la posibilidad de que fuera un embarazo múltiple, pero en realidad no le presté atención porque estaba convencida de que los gemelos sólo se daban en las familias con predisposición genética.

Volviendo a la gimnasia acuática prenatal, estaba tan entusiasmada que no quise dejarla después del formidable resultado que había dado en relación con mis fobias. Por lo tanto, seguí con los cursos de gimnasia acuática postnatal. Las sesiones son diferentes, puesto que ponen el acento sobre el trabajo muscular.

También inscribí a mis niñas a las clases de natación para bebés; después de probar las bondades de la gimnasia acuática prenatal no quería que ellas se perdieran la experiencia. De esa manera aprenderían a nadar ¡antes de que la escuela les quitara el gusto por el agua para siempre! En lo que a mí concierne, tomé la decisión y aprendí a nadar, aunque no me interesaba la técnica. Simplemente aprendí a desplazarme dentro del agua, sin miedo, gracias a una asociación que propone un descubrimiento del medio acuático a todos aquellos que le temen. En esos cursos conocí personas que dominaban la técnica, pero que entraban en pánico en cuanto perdían contacto con el piso. ¡Es increíble! De todas maneras, preferí prevenir que lamentar... porque, en mi caso, la cura del agua llegó tarde: ¡a los 34 años!

Gimnasia acuática prenatal

¿Qué puede hacer la gimnasia acuática prenatal para aliviar los malestares leves de la futura mamá?

Aunque la actividad se llama acuagimnasia prenatal o gimnasia acuática prenatal, antes que nada se trata de un acompañamiento de relajación y tranquilidad. En efecto, no se permite ningún movimiento brusco; todos los ejercicios se efectúan suavemente.

A lo largo del embarazo la mujer sufre una serie de cambios físicos que conllevan una buena dosis de malestares, sobre todo problemas circulatorios, dolores lumbares o –más a menudo– una fatiga importante. La gimnasia acuática prenatal ofrece a la futura mamá una actividad suave, bien adaptada a su estado. A partir de ejercicios variados podrá lograr un despertar muscular o un mantenimiento muscular general. La presión del agua contra el cuerpo brinda un alivio casi inmediato a las articulaciones de los miembros inferiores y a la columna vertebral, y el masaje del agua tibia mejora la circulación.

Los beneficios de la gimnasia acuática prenatal son múltiples:

- Mejoría de la circulación sanguínea de los miembros inferiores.
- Regulación del flujo intestinal.
- Mejor mantenimiento corporal, gracias a un suave despertar muscular.
- Relajación del cuerpo y la mente.
- Trabajo de la respiración, muy útil para el parto.

Las sesiones se desarrollan generalmente en dos tiempos:

- Primero, el trabajo se efectúa en la gran piscina, con ejercicios de mantenimiento muscular.
- Luego, en una piscina más pequeña, se invita a las futuras mamás a que se concentren en ejercicios de flexibilidad del perineo y prácticas de respiración que conducen a una relajación benéfica.

Como ya hemos mencionado, en las sesiones de gimnasia acuática prenatal se efectúa un importante trabajo de respiración, cuidando sobre todo la expiración completa y controlada; esto brindará un mejor control respiratorio a la hora de las contracciones uterinas durante el parto. Luego, después del alumbramiento, se pueden llevar a cabo ejercicios más centrados en el trabajo muscular sostenido, puesto que este es el momento ideal para que las mamás primerizas se ocupen de ellas mismas.

La diferencia entre esta gimnasia y otras actividades físicas es que el cuerpo inmerso en el agua no sufre presiones innecesarias y el calor del agua favorece tanto la relajación de los músculos como de la mente. El efecto de flotación permite olvidar el aumento de peso mediante el desplazamiento del centro de gravedad y la modificación de las curvaturas de la columna vertebral. El agua tibia sostiene, arrulla y tranquiliza a la futura mamá y al bebé, y favorece el que la mujer encinta establezca una comunicación temprana con su hijo.

Las contraindicaciones no son muchas; esencialmente se trata del riesgo de parto prematuro y las infecciones vaginales. No obstante, éstas son contraindicaciones temporales. Sólo la ruptura prematura de la fuente podría acarrear una prohibición total y definitiva.

Las mujeres que se interesen en esta actividad deben comprender que no tiene nada que ver con el parto en el agua. Quienes deseen tener la experiencia del parto en el agua deben pedir informes sobre las diferentes prácticas que ofrecen las maternidades, ya que si bien el nacimiento acuático se practica con cierta regularidad en algunos países, en otros constituye todavía una costumbre poco difundida.

Finalmente, para concluir con el tema del parto en el agua, es bueno que sepa que algunas clínicas de maternidad ofrecen la posibilidad de relajarse en una tina con agua tibia. La intención no es que dé a luz en el agua, sino simplemente aprovechar los beneficios del agua caliente, que brinda un relajamiento muscular y psíquico, y favorece la flexibilidad del perineo. Ciertas mujeres logran estar tan relajadas con este método que dan a luz sólo algunos minutos después de salir de la tina.

Volviendo a los cursos de gimnasia acuática, después del nacimiento muchas madres optan por la gimnasia acuática postnatal, en la que se hace hincapié en los ejercicios musculares, sobre todo de aquellos que estuvieron involucrados en el embarazo y el parto. Estas sesiones deben tomarse hasta después de la reeducación perineal.

Para concluir, habrá que insistir en el hecho de que los cursos no son impartidos por maestros de natación, aun cuando su presencia sea indispensable para velar por la seguridad de las participantes. Quienes dan los cursos son, de hecho, parteras, a veces acompañadas por kinesiterapeutas. Las sesiones están abiertas a todas las mujeres, independientemente de su gusto por el agua, pues no se trata de que aprendan técnicas de natación, sino de crear condiciones favorables para que puedan entrar en contacto con un medio que favorece su bienestar durante el embarazo, y el mejor contacto con el bebé que llevan dentro. La gimnasia acuática prenatal no las convertirá en grandes nadadoras, ¡pero podrán obtener un cuerpo tan flexible y relajado como el de las sirenas!

Fabiola.
¿Qué puedo hacer para aliviar
mis dolores lumbares?

Cuando acepté un puesto de asistente comercial en una compañía de construcción, llevaba más de cuatro años desempleada. Tenía tanta necesidad de volver al mundo laboral que en la entrevista no mencioné que estaba encinta. Al fin y al cabo, la ley no me obliga a hacerlo; y además sólo tenía cinco semanas de embarazo.

A pesar de todo, algo en mi interior me decía que no era justo: Guillermo y yo llevábamos años tratando de tener un bebé, y justo cuando lo lográbamos se me presentaba un trabajo. Me sentía un poco culpable respecto de mi jefe, quien se abstuvo de hacer los consabidos comentarios que tanto le gustan a los patrones: "Hace tanto tiempo que dejó usted el mundo laboral que dudo de su capacidad operativa inmediata", o bien "No tenemos tiempo ni personal para ayudarla a retomar el ritmo…". No había dejado de escuchar ese tipo de comentarios, ¡como si buscar trabajo después de haber estado desempleada fuera un pecado!

Acallé mis escrúpulos pensando en los beneficios "extra" que podríamos ofrecer a nuestro bebé gracias a los dos salarios, como una recámara de marca que había visto en un catálogo de puericultura y que estaba fuera de mi presupuesto. Me había enamorado locamente del acabado con pátina a la antigua que me recordaba mi habitación de niña. Ahora podría no sólo admirarlos en la vitrina... ¡sino también comprarlos!

Poco después de comenzar a trabajar me empezaron a dar dolores en la espalda baja. Me costaba trabajo permanecer sentada en mi silla durante más de una hora, agacharme era un verdadero esfuerzo... Hablé con mi doctor, quien me dijo que se debía a mi estado y que esos dolores lumbares se atenuarían tan pronto como mi cuerpo se habituara al cambio y el caos hormonal se estabilizara.

Ante mis dolores mis colegas me empezaron a dar consejos: ve a ver a un kinesiólogo, hazte radiografías, etcétera. Mi jefe me recomendó amablemente que fuera a ver a un osteópata, un amigo suyo de mucho tiempo que, según él, hacía milagros.

Fue así que, para no despertar sospechas, acepté y fui a dar al consultorio de ese osteópata: un viejito dulce y amable que me hizo sentir tan en confianza que, al terminar la primera sesión, ¡ya le había contado casi toda mi vida! La consulta duró más o menos hora y media. Yo no conocía en absoluto la osteopatía... Es muy agradable, suave y relajante, y al mismo tiempo es particularmente eficaz. Las manipulaciones, como llama el osteópata a los movimientos manuales, no son para nada violentas. ¡Poco faltó para que me durmiera varias veces!

Después de la sesión hicimos el recuento de la experiencia. El doctor afirmó que los dolores, que ya se habían atenuado, disminuirían en las siguientes horas hasta desaparecer completamente en algunos días. Pero, me advirtió, volverían a aparecer si no lograba lidiar con mi estrés. Me dijo que a través de sus manos había sentido resistencias psíquicas que se sobreponían a las tensiones físicas naturales en mi estado.

Resistí más o menos durante algunas semanas y, entre las recaídas, pensaba en lo que el osteópata me había dicho. Es cierto que el estrés podía influir en el organismo; bastaba leer la prensa para saber que las personas estresadas sufrían problemas cutáneos, digestivos, dolores de cabeza...

Cerca del cuarto mes, mi vientre empezó a inflarse y ya no pude esconderlo bajo mi ropa holgada. Me armé de valor y fui a ver a mi jefe. ¡Fue tan comprensivo que tuve ganas de llorar de vergüenza! Como era padre de cinco hijos y tres veces abuelo, pensaba que no había nada más importante que la familia.

El día en que salí de incapacidad por maternidad me organizó una fiesta y recibí una buena prima para mi bebé, además de varios regalos por parte de mis colegas.

Seguí con la osteopatía hasta el parto, y mi hijo Arturo vio al osteópata en cuanto salió de la maternidad; todo va bien para los dos. Voy a hacer mi reeducación postnatal con el osteópata, aunque las sesiones no me las reembolsa el seguro social. Vaya, ¿por qué habría de cambiar un equipo que funciona?

Osteopatía

¿Qué puede hacer la osteopatía para aliviar los dolores lumbares de la futura mamá?

Las bases de la osteopatía fueron expresadas en el siglo XIX, en Estados Unidos, por Andrew T. Still, quien comprendió las relaciones que existen entre el concepto de salud y el equilibrio funcional del conjunto del cuerpo humano. Para Andrew T. Still, la principal diferencia entre un organismo humano vivo y uno muerto es el movimiento, y lo que caracteriza el estado de salud del primero es el equilibrio. Debido a la vida que lleva –incluidos el estrés, la fatiga, los desequilibrios alimentarios, etcétera–, el ser humano se halla constantemente en busca del equilibrio. Al concederle vida y movimiento a todas sus estructuras (huesos, músculos, articulaciones, vísceras y demás), el osteópata permite que el organismo reaccione, activando fenómenos de autorregulación.

Esta práctica es completa y no ha requerido muchos ajustes desde su creación. En efecto, desde que se formaron los primeros osteópatas, los principios básicos que rigieron el origen de esta disciplina, difundidos en 1963 por la American Osteopathic Association, han cambiado poco. Así, encontramos todavía el concepto de integralidad (*el cuerpo humano es una unidad funcional en la que estructura y función están en interdependencia mutua y recíproca*), las funciones de autocuración (*ante una agresión, el organismo tiende a reaccionar y a autocurarse mediante la utilización de complejos sistemas en equilibrio*) y la relación cuerpo-mente (*algunos compuestos somáticos de los estados patológicos no sólo son expresión de la enfermedad, sino que juegan también un papel de contribución en el proceso de mantenimiento*).

La osteopatía es, recordémoslo, un método terapéutico manual que busca el reequilibrio de los sistemas óseo y muscular. Con la ayuda de manipulaciones y flexiones suaves, el osteópata encuentra las tensiones y las trata con el propósito de restablecer la energía. Es una práctica integral, puesto que considera al individuo en su totalidad (física y psíquica), y se basa en la capacidad del cuerpo para curarse a sí mismo.

El fundamento es simple: toda pérdida de movilidad de las articulaciones, los músculos, los ligamentos o las vísceras puede provocar un desequilibrio en el estado de salud. Por consiguiente, el osteópata determinará y luego tratará dichas restricciones de movilidad, y será el paciente mismo quien, gracias a dicha rearmonización, se encamine hacia su curación.

Desde el punto de vista práctico, en la primera sesión el osteópata escuchará la solicitud de la paciente, luego la interrogará sobre el motivo de la consulta y los tratamientos que está siguiendo, y recabará su historial clínico. Revisará también los diferentes exámenes que le lleve (radiografías, tomografías, exámenes de laboratorio). Con base en lo anterior juzgará el grado de urgencia de la solicitud. El tratamiento se lleva a cabo en tres etapas:

- Examen e identificación de las causas de las disfunciones. Esta etapa es esencial porque permite descubrir los mecanismos que impiden que las funciones naturales se autorregulen y evaluar la calidad de los distintos tejidos. Los resultados permitirán que el especialista establezca un plan de tratamiento osteopático adaptado a cada persona.
- Tratamiento por medio de normalizaciones y ajustes. Después de haber preparado los tejidos blandos por medio de la normalización de las tensiones, el osteópata efectúa un ajuste osteoarticular preciso en función de la lesión y de la dinámica de las curvaturas. Dichos ajustes, aunque no duelen, se hacen en armonía con la respiración del paciente. La finalidad es que se recupere la movilidad y la función.
- Integración en la dinámica general de la paciente para obtener una mejor unidad funcional del organismo: una vez repetidas las pruebas, el osteópata realiza varias maniobras que tienen como finalidad movilizar los tejidos con los conjuntos adyacentes y consolidar el tratamiento para evitar que los problemas se vuelvan crónicos.

No hay nada que temer; como describe tan claramente Fabiola, los movimientos osteopáticos son suaves e indoloros, aprovechando la movilidad propia de cada tejido. Es importante pedir una consulta lo antes posible, porque la causa de un problema específico, o primario, puede generar a futuro una serie de síntomas y dificultades secundarios. Los problemas primarios no podrán desaparecer a menos que la verdadera causa sea tratada eficazmente. Así, aparte de las causas de origen traumático (accidentes, caídas, movimientos en falso, etcétera), se encuentran las causas tóxicas, como los excesos o las carencias dietéticas, los problemas endocrinos, pero también lo "callado" o "no dicho" que se verbaliza en los tejidos. Es el caso de Fabiola.

Aun cuando no se trata de un método de preparación para el parto, la osteopatía puede ser de gran utilidad para la futura mamá:

- Durante el embarazo –y conviene recordar que la gravidez no es una enfermedad–, la osteopatía puede acompañar a la mujer desde los primeros meses hasta el parto, con el propósito de dar seguimiento a los cambios fisiológicos (aumento de peso, cambio de postura, etcétera). En caso de sufrir dolor, el osteópata interrogará a la futura mamá para conocer sus antecedentes y establecer una relación que permita determinar a qué se debe la falta de movilidad. En función del resultado de este examen, decidirá corregir la lesión y dejar que la naturaleza haga el resto.
- Previendo el parto, al "trabajar" sobre los tejidos y los huesos, el osteópata procurará hacer una preparación para que el nacimiento ocurra con toda suavidad. El hecho de reequilibrar la pelvis (determinante para el buen funcionamiento del parto) resulta favorable gracias a que hay menos tensión y, por consiguiente, menos dolor. El osteópata verifica particularmente el coxis, el sacro, la pelvis y las vértebras lumbares, evitando así que se practiquen cesáreas inútiles a las mujeres que tienen luxado el coxis hacia delante o la pelvis bloqueada, por ejemplo.

Como en toda práctica integral, el osteópata va más allá del síntoma para remontarse hacia la historia del cuerpo, hasta encontrar traumatismos antiguos o que pasaron inadvertidos. La prueba de los traumatismos no señalados, o que no se han querido señalar, fue expuesta en un estudio estadounidense realizado por la osteópata Viola Frymann en 1,250 recién nacidos examinados cinco días después del parto. Los resultados revelaron cifras más importantes de las que se esperaban: 78% de los recién nacidos tenían tensiones membranosas y articulares en el nivel craneal, y 10% habían tenido un traumatismo severo en la cabeza. Por si fuera poco, ¡el 82% de los bebés que sufrían de algún problema craneal no presentaban síntoma evidente alguno!

Para evitar que un traumatismo pase inadvertido, por más ínfimo que sea, los osteópatas recomiendan un seguimiento mensual durante la duración del embarazo y luego una consulta transcurrido el primer mes después del parto, nada más para asegurarse de que "todo está en su lugar".

Finalmente, del lado práctico, es preciso advertir que muchos osteópatas cobran tarifas más o menos elevadas, pero los resultados bien valen la pena.

Mónica.
¿Podré controlar mis antojos bulímicos?

Cuando tenía diez u once años padecí bulimia, aunque no duró mucho tiempo; mis crisis correspondían al malestar que sentía tras el divorcio de mis padres. Una terapia me permitió enfrentar los cambios ocurridos en ese difícil periodo de mi vida y estaba segura de que había acabado con el problema.

Luego, mi adolescencia transcurrió muy bien. No sufrí ninguna crisis importante, ni siquiera tuve acné. Hace dos años, cuando conocí a Luis, me sentía bien conmigo misma, por lo menos tanto como puede estarlo una joven de nuestra época, con sus altibajos. En otras palabras, si bien no quería parecerme a las chicas de las revistas, siempre traté de cuidar mi cuerpo procurándole una alimentación equilibrada y haciendo deporte. Pero entendámonos: esa disciplina no me cuesta trabajo en absoluto puesto que soy muy deportista y mi mamá siempre ha sido quisquillosa respecto de la calidad de los alimentos que consumimos. Podría decir que no siento culpa alguna en relación con la comida, ni siquiera cuando como con mis amigas en lugares de comida rápida o en la pizzería.

Pero resulta que apareció el amor… Cuando empecé a tratar a Luis no me sentía celosa si miraba a otra chica en la calle. Al fin y al cabo, ¡yo tampoco tenía reparos en admirar a los tipos guapos! Eso no pone en tela de juicio nuestros sentimien-

tos y, además, prefiero hacerlo abiertamente que de manera solapada, cuando el otro está de espaldas.

Pero mi embarazo puso todo patas arriba. No me reconocía a mí misma. Me sentía tan fea y gorda en mi nuevo cuerpo que llegué a no soportar las miradas que Luis dedicaba a otras chicas. Entonces le hacía escenas de celos, o peor aún, me lo imaginaba seduciendo a otras mujeres, más bellas, más delgadas, y no podía evitar hacerle la vida de cuadritos.

Yo sabía que no tenía nada que reprocharle, pero era más fuerte que yo. Necesitaba que todo el tiempo me reafirmara sus sentimientos por mí.

A partir del tercer mes de embarazo, cuando mi vientre ya se había abultado, estaba en conflicto con Luis, pero también conmigo misma; cedía a mis antojos bulímicos diciéndome que era normal porque estaba encinta y tenía que proveer de calorías al bebé.

Paradójicamente, comer todo aquello me sentaba mal porque no reconocía mi nuevo cuerpo; entonces me iba en contra de Luis... Y aun cuando él me aseguraba que me amaba tal como estaba, no podía evitar seguir comiendo más de la cuenta. Y luego me sentía peor con mi cuerpo y quedaba atrapada en esa confusión.

Después de dos meses con este "régimen" tuve que admitir que necesitaba ayuda. Entonces regresé al centro donde me habían tratado cuando era más joven. La nueva terapeuta me propuso un tratamiento mixto porque –según me dijo– para obtener buenos resultados había que trabajar conjuntamente los problemas de comportamiento alimenticio y los de la personalidad.

Por lo tanto, empecé una terapia cognitivo-conductual, asociada a la hipnosis ericksoniana.

Desde la primera entrevista la terapeuta me resultó muy simpática, muy accesible... no tenía esa actitud altiva que tan a menudo caracteriza al cuerpo médico. En todo caso, yo no me sentía como una enferma –sin importancia y desesperada–

frente a una mujer de poder, porque no buscamos el porqué ni el cómo en mi pasado. Trabajamos sobre el presente y eso es lo que sin duda explica mi placer de avanzar hacia la cura.

Iván nacerá dentro de un mes, y considero que estoy completamente curada. Soy consciente de que las crisis de bulimia podrían regresar, pero en todo caso sé que no daré marcha atrás porque ya acabé con la obsesión de la comida y la falta de confianza en mí misma.

Aprendí a amar mi cuerpo tal como es y a respetarlo por todo lo que me puede aportar: los placeres de la vida, los placeres de la carne, el placer de poder dar vida a un bebé...

Ya no lo escondo debajo de ropas infames. Me asombro a mí misma al apreciar mi ropa de embarazo, la cual escojo sexy y elegante a propósito. ¡A la basura la bata sin forma que engorda! Exhibo orgullosamente mi vientre y estoy feliz de contarle, a quien quiera escucharme, que participé en el último desfile de moda para mujeres embarazadas durante un festejo que organizaron los comerciantes de mi ciudad. Por fin me gusto a mí misma, incluso encinta.

Como dice tan bellamente Karen Mulder en su canción: I am what I am! (¡Soy lo que soy!).

Terapia cognitivo-conductual e hipnosis ericksoniana

¿De qué manera la combinación de la terapia cognitivo-conductual con la hipnosis ericksoniana puede ayudar a una joven que sufre crisis bulímicas?

Los problemas de peso están en el centro de los cuestionamientos de nuestra sociedad. Basta con mirar lo que los medios de comunicación (electrónicos e impresos) hablan al respecto.

El cuerpo médico también es responsable en parte de esta búsqueda de la delgadez absoluta; la exaltación de la flacura y la culpa generada en quienes tienen sobrepeso –ya sean veinte o apenas dos kilos de más– son un peligro para las personas sensibles al culto del cuerpo.

Ahora bien, hay que saber que no existe ningún método adelgazante simple, eficaz, de largo plazo y sin riesgos para la salud. Peor aún: emprender dietas es establecer un engranaje que culmina, en la mayoría de los casos, en desórdenes del comportamiento alimentario, en depresión y pérdida de la autoestima, y eso sin hablar de los riesgos médicos que se desatan cuando problemas de peso menores se transforman en verdaderas condiciones de obesidad.

La bulimia y la anorexia suelen alternarse, lo cual ha hecho que los médicos piensen que podría tratarse de una sola enfermedad en estadios diferentes, siendo la anorexia el nivel más avanzado.

En el marco de un embarazo las crisis bulímicas son frecuentes: es lo que popularmente se conoce como "los antojos de la mujer encinta". Debido al caos hormonal, a ciertas futuras mamás les da por comer fresas de manera frenética, según el viejo cliché que se basa en los antojos difíciles de cumplir en cualquier época, porque las fresas sólo se dan en temporada de calor. Pero a veces surgen antojos menos "nobles" que la fresa: el gis, el papel periódico, etcétera.

Otros problemas también pueden conducir a una modificación del comportamiento alimentario de la mujer encinta. Las náuseas, por ejemplo, pueden aliviarse fraccionando las comidas: cinco o seis colaciones ligeras al día se digieren más fácilmente que tres comidas abundantes. Además, el aporte calórico permanece idéntico, lo cual evita el riesgo de sufrir carencias. Otro problema, que suele declararse hacia el final del embarazo, son las agruras y los reflujos. Evitando algunos alimentos ácidos o picantes es posible esperar una mejoría, e incluso la desaparición del malestar. También conviene dejar pasar varias horas entre la última comida y la hora de acostarse, así como adoptar, si fuese necesario, una posición semisentada para dormir, ayudándose con almohadas grandes.

El asunto de la alimentación trae a colación el problema de los riesgos de sufrir carencias: a las futuras mamás se les suele dar suplementos de hierro y ácido fólico (B_9) asociados a la vitamina C para que sean mejor asimilados. Esta práctica es cada vez más controversial, en parte porque al tomar un suplemento algunas mujeres tienden a reducir su aporte calórico, seguras de que aquel basta para asegurar la salud del bebé, cuando en realidad una alimentación equilibrada debe ser la principal fuente de nutrientes para el niño. Lejos de disminuir su ración cotidiana, hay que preservarla hasta el final del embarazo e incluso después de éste. Por alimentación equilibrada hay que entender también lo más variada posible, privilegiando las frutas y las verduras, así como los carbohidratos complejos. No olvidemos que las frutas y las verduras son ricas en vitaminas, que el azúcar no refinado es rico en minerales, que las féculas aportan azúcares de lenta absorción… y el conjunto ofrece pocas calorías, con lo indispensable para el organismo. Aunque la futura mamá no debe "comer como dos", sí debe tener en cuenta que "come para dos". Resulta perfecto: ¡los antojos de la mujer encinta abren el apetito! Si éstos no coinciden con antecedentes de bulimia, no hay razón para inquietarse. En cambio, si la persona ya ha sufrido bulimia, más vale que se atienda rápidamente.

Otra razón que explica el desacuerdo entre especialistas respecto de los suplementos para las mujeres encinta es que no todas tienen carencias y es, pues, inútil proceder a dar suplementos sistemáticamente sin antes haber realizado los exámenes necesarios (una simple prueba de sangre basta). El

embarazo es un estado natural, y más vale evitar la sobre-
medicación, que podría engendrar inquietud y estrés innecesarios.

***

Volviendo a la bulimia –fenómeno que se desarrolla cada
vez más en muchos países, donde se ha instalado el culto a
la belleza y a la delgadez–, es preciso decir que no se trata
de un simple problema de comportamiento alimentario,
sino también de un trastorno de la personalidad. Por eso es
esencial conjugar dos terapias que actúen sobre los siguientes aspectos:

- **La terapia cognitivo-conductual** se centrará en los problemas de comportamiento alimentario, con el propósito de enseñar al paciente a reconciliarse con una
manera más sana de alimentarse y de comportarse ante
la comida. Este método trabaja sobre las causas actua-
les del problema y no sobre los orígenes inconscientes.
En efecto, la terapia cognitivo-conductual (TCC) no se
interesa en la historia del paciente ni en su infancia;
prefiere concentrarse en la solución de un problema
preciso del presente. El concepto se basa en el aprendizaje de nuevos comportamientos a partir de la elabora-
ción de pensamientos renovados, después de haber
constatado que los antiguos no aportaban una solución
válida.
La terapia cognitivo-conductual es, como indica su
nombre, el fruto de una alianza entre las terapias con-
ductual y cognitiva. La primera se expresa a través de
técnicas de relajación destinadas a lograr una disminución de los miedos, las fobias y las obsesiones, de modo
que el paciente pueda recobrar una vida normal. Por su
parte, la terapia cognitiva trabaja sobre los pensamientos, las opiniones y creencias –a menudo erróneas y

negativas– que el paciente tiene sobre sí mismo y/o sobre su entorno. En la terapia cognitiva el paciente deberá reemplazar progresivamente sus pensamientos negativos con pensamientos positivos. Pero cuidado: no se trata de colocarlo en una nube color de rosa, sino de hacer patente un hecho simple pero comprobado: los pensamientos negativos generan un comportamiento de fracaso que dará origen a un ser huraño y derrotista, mientras que los pensamientos positivos conducen más fácilmente al éxito, aunque sea mínimo, y promueven una imagen positiva de uno mismo. A partir de dicho concepto habrá que mantener la humildad: frente a la creencia negativa "Nadie me quiere porque no sirvo para nada" se buscará un equilibrio con el pensamiento "Uno no puede caerle bien a todo el mundo; si hay quienes me aprecian es porque tengo cualidades y capacidades innegables. Entonces, todo va bien". La consolidación del comportamiento modificado es un criterio esencial para el éxito en esta terapia.

- **La hipnosis ericksoniana** enseña a escucharse a uno mismo y a sus propios ritmos. La persona bulímica no se preocupará por el aprendizaje de las reglas de la alimentación ni por lograr un cambio de su apariencia física para que cuadre con sus expectativas. El terapeuta parte del principio de que los comportamientos alimentarios y las ansiedades en torno de la apariencia se deben a una falta de confianza en uno mismo. El éxito se basará en la idea de que "Somos lo que decidimos ser". La hipnosis ericksoniana, que deriva del nombre de su fundador, el psiquiatra estadounidense Milton H. Erickson, no debe compararse con su antecedente, la hipnosis tradicional. En efecto, Erickson rechazó la idea del terapeuta poderoso y el paciente obediente. Al contrario, pensaba que la solución debe surgir del paciente mismo, quien posee sus propios mecanismos de auto-curación, aunque raramente esté consciente de ello. Para lograrlo, el hipnoterapeuta no debe dirigirlo ni hacerle imposiciones. Simplemente debe brindarle el contexto más favorable, mediante un estado modifica-do de conciencia y un "baño" de sugestiones, para que él mismo pueda descubrir cómo establecer sus propios recursos de cambio. Dado que el terapeuta no detenta poder alguno, debe también enseñar a su paciente las bases de la autohipnosis para que luego pueda resolver otros problemas sin sentirse obligado a acudir a él. La hipnosis ericksoniana, por su acercamiento respetuoso al paciente, ha inspirado varias corrientes, como las terapias sistémicas y familiares y la programación neu-rolingüística (PNL).

En el marco de la terapia se establece un "acuerdo" pre-vio entre el terapeuta y el paciente, fijando los objetivos por alcanzar. Si después de una o dos sesiones las metas estable-cidas resultan demasiado difíciles para el paciente, el tera-peuta propondrá disminuir la velocidad de la terapia, ya que el propósito esencial es que el paciente logre alcanzar los objetivos determinados, aunque esto signifique redefinirlos de manera más modesta.

En este método el terapeuta debe involucrarse por com-pleto, haciendo preguntas, externando comentarios y ofre-ciendo consejos. Además, responderá las preguntas del paciente y le brindará todas las explicaciones que puedan ayudarlo a comprender su problema para que alcance los resultados esperados. En cada sesión el paciente y el terapeu-ta hablan de las incomodidades o de las dificultades para lle-var a cabo las tareas prescritas, con el propósito de brindar posibles reajustes.

La combinación de las dos terapias puede ubicarse en el marco de las terapias globales porque buscan establecer un equilibrio entre lo físico y lo psíquico. Se habla de "alimentar el cuerpo" y "alimentar el espíritu": ¿por qué disociar ambas ideas? Al contrario, y más aún en el caso de la bulimia, hay que integrarlas: alimentar físicamente al cuerpo no basta; los alimentos también tienen que ser digeridos psíquicamente porque la culpabilidad que genera el hecho de comer y la angustia de engordar son enemigos de la digestión. Por consiguiente, para vivir mejor las diferentes etapas de la vida, es importante reconciliarse con la comida, por un lado, y con la imagen de uno mismo por el otro. El embarazo es una etapa esencial en la vida de una mujer y es primordial que durante la misma abandone su comportamiento de control del cuerpo y de la mente. Al contrario, debe vivir nueve meses distendida, relajada y aligerando el control.

Alicia.
¿Cómo apagar mi último cigarrillo?

Siempre estuve profundamente convencida de que para dejar de fumar bastaba quererlo. Pensaba que las personas que no podían hacerlo sufrían de falta de motivación. ¡Qué error!

Cuando supe que estaba encinta, apagué mi último cigarrillo... Luego prendí otro. Nuevamente apagué lo que creí que sería, ahora sí, el último... Y tres meses después me topé con la realidad: no sólo era un asunto de motivación. La motivación la tenía, puesto que quería proteger a mi bebé de los efectos del tabaco. Había leído cosas horribles sobre los riesgos y, finalmente, no se requieren grandes estudios para saber que el tabaco es nocivo. Tenía, pues, la motivación; la voluntad también. ¿Por qué era entonces tan difícil?

Hablé con mi ginecólogo y me recomendó que pidiera una consulta antitabaco en un importante hospital de la región. Cuando entré al salón, sentí todas las miradas desaprobadoras sobre mí y sobre mi panza. Sin embargo, todas esas personas habían ido ahí por la misma razón que yo: dejar definitivamente la dependencia del tabaco. Claro, el hecho de que estuviera encinta evidenciaba un grado de urgencia que esos pacientes no tenían.

Me armé de valor y confesé mi dependencia, a la manera de los alcohólicos anónimos. Parece tonto, pero escucharse a uno mismo decirlo frente a un público que desconoce es bastante extraño. Bueno, de acuerdo, no era tan teatral como suena, pero durante esa sesión sentí que estaba en el lugar correcto, en el momento correcto, para resolver mi grave problema de dependencia. En todo caso, los consejos que obtuve ese día me ayudaron enormemente y sentí que iba por buen camino.

Por desgracia, no era suficiente. Aunque me aseguraron que podía utilizar parches de nicotina a condición de que permaneciera bajo supervisión, me negué a que mi bebé corriera el más mínimo riesgo. Quería un método radical, pero que no significara peligro alguno para mi niño.

Una colega me recomendó la hipnosis. Tuve una reacción estúpida, como mucha gente ha de tenerla cuando se le habla del tema. Me imaginé sobre un estrado, con decenas de personas a mi lado y un hipnotizador, mitad médico, mitad mago, diciendo: "quiero que dejen de fumar", y ¡zas!, todo el mundo despertaría con un profundo y repentino asco por el cigarrillo. De todas maneras, decidí consultar al terapeuta del que me habían hablado. Estaba al borde de la desesperación, así que me jugaría el todo por el todo.

Resultó que tuve una sorpresa muy agradable ante su recibimiento y sus propuestas. Empezamos por platicar: me pregunta acerca de mis hábitos, mis motivaciones y aspiraciones; luego comienza la sesión. Recostada cómodamente sobre un diván, miro fijamente un punto de la habitación; con el terapeuta sentado a mi lado, recibo una invitación a relajarme. Luego me pide que me concentre en una zona de mi cuerpo. Me siento bien, somnolienta, pero consciente de todo lo que me rodea. El terapeuta repite unas frases que llama sugestiones. Yo visualizo un cuadro agradable, una escena positiva en la que estoy libre del tabaco. Mis hábitos de fumadora –como acompañar con un cigarrillo el té al final de las comidas, disfrutarlo cuando estoy cansada o estresada, y demás– van perdiendo sentido... Una sensación de bienestar físico y mental me invade...

Luego una cuenta regresiva me devuelve a la realidad. Me siento completamente relajada.

Comentamos la práctica y él me sugiere una nueva cita para consolidar los efectos de esta primera sesión.

Al salir de aquella primera consulta pensé con vergüenza en lo que había imaginado que sería una sesión de hipnosis: no anduve sobre carbones ardientes ni sentí nada fabuloso, pero había ganado un bienestar total y una fuerte determinación de no volver a dejarme molestar por el cigarrillo.

Ese mismo día recibí otra grata sorpresa, al sentir un asco muy fuerte cuando una persona prendió un cigarrillo al lado mío. Ni siquiera sentí la tentación cuando mi pareja fumó, ni al día siguiente, ni dos días después, ni los días que siguieron.

Mi voluntad se afirmó aún más después de la segunda sesión. Hace cuatro meses que dejé de fumar y no tengo la intención, ni siquiera el deseo, de volver a hacerlo. He pensado darle pecho a mi bebé, y sé que esa decisión fortalecerá mi resolución de no retomar el cigarrillo. Ahora intento motivar al futuro papá para que haga lo mismo antes de que nazca nuestro hijo, ¡pero esa es otra historia!

Hipnoterapia

¿Qué puede hacer la hipnoterapia para liberarnos de la dependencia al tabaco?

La hipnoterapia puede ayudar eficazmente contra la esclavitud del tabaco, pero con dos condiciones:

- Que el paciente esté fuertemente motivado. De lo contrario, la hipnosis, como cualquier otro método, no tendrá el efecto esperado.
- Que el paciente deseche los prejuicios acerca de esta práctica. En efecto, las demostraciones públicas muy impactantes que uno puede ver en los medios de

comunicación son sólo espectáculos, y no una terapia seria.

A partir de esto es posible afirmar efectivamente que los resultados son convincentes: en el terreno de la dependencia del tabaco, los terapeutas han registrado alrededor de un 80 por ciento de éxito después de dos sesiones.

La hipnosis es una práctica antigua en la historia de la medicina, pues nació hace más de 150 años y fue descrita o utilizada por numerosas personalidades del ámbito médico y/o psicológico (Mesmer, Freud, Charcot, Janet, etcétera). No fue sino después de esos descubrimientos que el mundo del espectáculo se apropió del fenómeno, transformándolo en puestas en escena llamativas y misteriosas. Afortunadamente, las posibilidades singulares y comprobadas de la hipnosis despertaron el interés de los científicos desde la década de 1930. Ellos reconocieron que esta práctica tenía un amplio rango de aplicación, porque la hipnosis compete tanto a la curación física como a la psíquica o psicosomática. En Europa, sobre todo en los países latinos, la hipnosis no reapareció sino más tarde porque Freud –quien, de paso sea dicho, creó el psicoanálisis a partir de la hipnosis– consideraba que se trataba de un método pasado de moda, el cual podía ser ventajosamente reemplazado por el psicoanálisis, que se volvió una corriente dominante en el continente.

Hoy los hipnoterapeutas afirman que la hipnosis clásica, tal como la practicaba Freud en su época, era en efecto una hipnosis directiva y autoritaria, poco (o nada) respetuosa del paciente y, por lo tanto, decepcionante en cuanto a los resultados terapéuticos. Es a Milton H. Erickson a quien debemos la nueva hipnosis o hipnosis ericksoniana. Desde el punto de vista de este psiquiatra estadounidense, la hipnosis no sirve para establecer la sumisión del sujeto a la voluntad de un hipnotizador todopoderoso. Erickson considera la hipnosis como un estado "natural" que se produce regularmente en cada uno de nosotros. Este estado "natural" es el que marca ciertos actos de nuestra vida. Por ejemplo, cuando, después de manejar cientos de kilómetros en carretera o haber corrido varios kilómetros, nos asombramos de haber llegado a la meta. ¿Dónde estuvimos entre la salida y la llegada? ¿Cuándo perdimos conciencia del avance?

Es con base en este estado de trance particular y temporal que trabaja el hipnoterapeuta, ayudando a su paciente a entrar a él de manera más profunda.

En la hipnosis ericksoniana el terapeuta utiliza metáforas para que el inconsciente del sujeto sea el encargado de elegir las soluciones a sus problemas. Esta fórmula, que pone la curación en manos del paciente, con el acompañamiento –pero no el poder absoluto– del terapeuta, explica el interés en aumento de los profesionales médicos –ya sean psicoterapeutas, psicólogos, doctores o cirujanos– en este método, porque el campo de aplicación de la hipnosis es muy vasto: abandono del tabaquismo, por supuesto, pero también alivio de dolores crónicos, afecciones cutáneas que no tienen causa alérgica, insomnio, estados de ansiedad, angustias, fobias, depresión, falta de confianza en uno mismo, problemas de personalidad, preparación para operaciones quirúrgicas, entre otros.

Hay que señalar que la manera de proceder será diferente según el terapeuta. Cada uno juzgará la duración y las modalidades de la práctica, porque es preciso subrayar que no existe *un* método, sino varios, según las distintas corrientes que se han derivado de esta disciplina. Sin embargo, hoy el punto común de todos los métodos es (como recomendaba Erickson) brindar al paciente el contexto más favorable posible (estado modificado de conciencia y "baño" de sugestiones), con el propósito de permitirle acceder a sus propios mecanismos de autocuración. Así, descubrirá cómo utilizar sus recursos individuales de cambio y después ponerlos en práctica en su vida cotidiana.

Muchas corrientes se han inspirado en la hipnosis erick-soniana: las terapias sistémicas y familiares, la programación neurolingüística, los métodos que trabajan sobre los sueños, los diferentes enfoques de la relajación, etcétera.

Entre las falsas ideas que se hacen las personas sobre la hipnosis suele estar el miedo a no despertar. Sin embargo, no hay razón alguna para ese temor, ¡simplemente porque uno no duerme durante la sesión! En efecto, en la hipnosis la relajación no es un estado de sueño, sino un estado modifi-cado de la conciencia. El paciente "sueña" manteniéndose consciente de lo que le rodea, pero concentrándose en la realidad interior. La otra inquietud que suele mencionarse es el temor a que el terapeuta aproveche el estado del pacien-te para inducirlo a hacer cosas que no quiere hacer. Una vez más hay que recordar que el abuso del terapeuta es imposi-ble porque el paciente en hipnosis no está a su merced y, como se mencionó más arriba, está consciente de lo que le rodea. Es más, para diferenciar bien la práctica seria de la hipnosis y la representación burlesca que de ella se hace, los terapeutas utilizan dos términos distintos según aquello a lo que se refieren: hipnoterapeuta, para designar a un profesio-nal de la salud serio y formado; e hipnotizador, para designar a quien da un espectáculo utilizando la seudohipnosis.

Con todo, es posible que el terapeuta encuentre un obstá-culo: si el paciente está demasiado nervioso, si tiene miedo de entregarse a la relajación, habrá que enseñarle primero algunas técnicas sencillas de relajación porque lo que im-porta en la hipnoterapia es la colaboración que se establece entre ambos participantes. Es absolutamente inconcebible pensar en hipno-tizar a alguien en contra de su voluntad; el terapeuta, quien actúa en calidad de facilitador del cambio, necesita la contribu-ción y la confianza de su paciente para obtener resultados. Por consiguiente, es inútil esperar que se deje de fumar si la volun-tad no está presente: ¡el hipnoterapeuta no hace milagros!

Angélica.
¿Cómo puedo dormir mejor?

Siempre fui poco dormilona. Cuando era más joven mi madre se inquietó por ello, pero nuestro médico le dijo que, siempre y cuando no estuviera cansada al despertar, no había razón para obligarme a dormir más de lo necesario.

Cuando lo conocí, Rubén se asombraba de mi energía al día siguiente de una desvelada en alguna discoteca: nuestros amigos, él incluido, traían cara de zombis durante todo el domingo, y a veces hasta el lunes. En cambio, yo estaba fresca desde las diez de la mañana, después de sólo cuatro o cinco horas de sueño.

Cuando le anunciamos a la familia que pronto seríamos padres, Rubén y yo nos divertimos con los comentarios de mi suegra, que se pasó casi todos los nueve meses de embarazo durmiendo. Ella estaba segura de que me pasaría lo mismo. Rubén y yo sabíamos que algo así jamás me ocurriría.

Por lo tanto, fue bastante normal que pasara los primeros meses de embarazo durmiendo todavía menos; si llegaba a dormir dos horas seguidas en la noche, me consideraba afortunada.

Como trabajaba durante el día, era imposible pensar en tomar una siesta. Además, ni siquiera me pasaba por la cabeza. Pero a ese paso las molestias no tardaron en surgir: estaba impaciente, irritable, gruñona, pasaba de la risa al llanto en tiempo récord. Todo el mundo lo atribuía a las hormonas, pero yo empezaba a preguntarme si no estaba agotando a mi bebé a fuerza de privarlo de sueño.

Por ahí del cuarto mes empecé a sentir que mi bebé se movía. Era una sensación nueva, sublime, y al mismo tiempo difícil, porque tenía la impresión de que cada vez que se manifestaba era para impedir que yo cayera en los brazos de Morfeo. Parecía que nuestros ritmos de sueño y vigilia estaban totalmente desfasados: él se movía cuando yo me caía de sueño, y cuando yo estaba despierta, no sentía ningún movimiento de su parte.

Se lo platiqué a mi médico, quien me sugirió que me inscribiera a una actividad física adaptada a mi estado, para que cayera de cansancio cuando llegara la noche. Como no soy nada deportista, no seguí su consejo. ¡Sólo quería saber por qué mi bebé y yo no estábamos coordinados en el asunto de dormir!

A causa de la falta de sueño empecé a sentir una gran fatiga, y mi médico comenzó a temer por la salud del bebé. Me prescribió una incapacidad de diez días, invitándome a aprovechar al máximo la holgazanería; ya que no quería moverme, al menos podía aprovechar para descansar.

El primer día de ese descanso forzado di vueltas por el departamento sin saber cómo pasar útilmente el tiempo. Luego, poco a poco, empecé a apreciar esos momentos de calma y soledad. Aproveché para escuchar la radio, cosa que nunca había hecho antes, pensando que el sonido sin imagen no servía de nada.

Después de uno o dos días me puse a escuchar música en serio, y luego a bailar al ritmo de las canciones que pasaban por la radio. ¡Descubrí un repertorio mucho más vasto del que había conocido en las discotecas!

Tenía la impresión de que mi bebé también disfrutaba de esos momentos, como si por primera vez estuviéramos en armonía; como si por fin hubiéramos encontrado un terreno de entendimiento.

Parecía que la música nos acercaba, y aproveché para estar más al tanto de mi bebé. Me di cuenta de que ciertos ritmos lo excitaban igual que a mí: unos aportaban una tranquilidad inmediata, mientras que otros eran estimulantes.

Gracias a la música descubrí que se podía vivir el embarazo de otra manera, lejos de los métodos propuestos por las maternidades. Por supuesto que asistí a varios cursos que me recomendaron, pero no tuve ni el deseo ni la necesidad de buscar otros métodos. Para conocer los estados de ánimo de mi bebé tenía la música, y era suficiente.

Sobra decir que mis problemas de sueño disminuyeron mucho con este descubrimiento. Seguía sin requerir muchas horas de sueño, pero al irme a dormir ponía una música suave y mi bebé y yo la escuchábamos juntos. ¡A menudo estábamos dormidos antes de que acabara el CD!

Después del parto seguí utilizando la música para arrullar a mi hija Lili: suave para ayudarla a dormir o simplemente para calmarla después de una actividad acelerada; estimulante para "deschongarnos". A veces Rubén, su papá, se une a nosotras y juntos transformamos la sala en discoteca.

Musicoterapia

¿Es posible que la musicoterapia ayude a la futura mamá a comunicarse con su bebé?

El oído externo empieza a formarse en la octava semana de gestación, y cerca de la decimoquinta semana lo están también los huesos vibratorios, que permiten que el feto escuche. Por otro lado, al cuarto mes el cerebro del futuro bebé estará lo suficientemente maduro para interpretar los sonidos que oye. Pero, ¿qué es exactamente lo que oye?

De acuerdo con los numerosos estudios realizados, hoy puede afirmarse que los sonidos graves (frecuencias bajas) son los que mejor pasan por la pared uterina. En cuanto a los sonidos agudos, al ser filtrados por la pared abdominal de la madre, su intensidad se reduce aproximadamente veinte decibeles. Los ruidos fuertes hacen brincar al bebé, pero la música le interesa al grado de que uno puede ver al feto manifestar su placer por medio de movimientos... ¡y con ritmo!

Partiendo de este hecho, sería deseable que las maternidades se interesaran un poco más en este método, motivando a los futuros padres a iniciar a los bebés en la música. No se trata, claro está, de un aprendizaje prenatal. El objetivo no es "fabricar" músicos precoces, sino simplemente permitir la comunicación entre los padres y el futuro bebé mediante un método aprobado.

Los experimentos más importantes y pertinentes respecto de la audición fetal los llevó a cabo el doctor Alfred Tomatis, otorrinolaringólogo francés, especializado en problemas auditivos y del lenguaje. Hijo de un gran cantante de la Ópera de París, pronto aprovechó esta ventaja para orientar su vida hacia una práctica doble: la medicina y la música. Así, hacia 1947, cuando apenas tenía 27 años, emprendió investigaciones en las áreas de la audiología y de la fonología, mismas que lo llevaron a descubrir la audición intrauterina y sus consecuencias sobre la relación madre-hijo. Gracias a una serie de largos y complejos experimentos, logró reproducir el baño acústico uterino y determinar la manera en que el feto reacciona ante esas informaciones sonoras.

Recordemos que en aquella época esta idea le atrajo mucha animadversión en el medio médico, que en su mayoría sigue pensando que el feto y el recién nacido no son más que tubos digestivos. Sin embargo, el doctor Tomatis logró comprobar que el oído del feto comienza a formarse desde muy temprano en el útero, y que cerca del cuarto mes de vida uterina puede considerarse funcional. A partir de esta constatación, validada por diferentes investigadores de distintos países, Tomatis concibió montajes de audio que permiten que el individuo perciba la voz de la madre tal y como la oía durante su vida intrauterina.

El acceso a esta vivencia representa uno de los descubrimientos dominantes en el terreno de la psicoterapia.

De acuerdo con el doctor Tomatis, "la madre hace a su hijo, le da un nido dentro de sí misma, lo nutre y lo prepara para la vida mediante un diálogo constituido por todos los contactos que ella puede tener con él; la comunicación sonora es la principal. La madre se revela al feto mediante todos los ruidos orgánicos, viscerales, y sobre todo a través de la voz. El niño extrae toda la sustancia afectiva de esta voz que habla... Está imbuido, impregnado, así integra el soporte de su lengua materna".[1]

Como prueba, analicemos el siguiente experimento[2] realizado por el doctor Tomatis: el recién nacido, sentado sobre una mesa, tiene en derredor suyo a varias personas, entre ellas la madre. Cuando se lo llama por su nombre no se mueve, a menos de que sea la madre quien lo haga; en este caso, se inclina hacia donde ella se encuentra, como atraído por su voz. Si la madre se encuentra frente a él, se inclina hacia delante. ¿Cómo es posible? El doctor Tomatis explica este fenómeno, que no tiene nada de sobrenatural, por el hecho de que el oído medio y en particular la trompa de Eustaquio conservan líquido amniótico durante diez días, lo cual hace que los dos niveles –oído medio y oído interno– compartan las mismas frecuencias: las del medio líqui-

---

[1] En Alfred Tomatis, *La nuit utérine*, editorial SDM Marabout.
[2] Experimento relatado en el libro *Psychoaffectivité*, acerca de los primeros meses del bebé, de Alfred Tomatis, Editorial Masson, 1959 (agotado).

do. Diez días después del nacimiento, la trompa de Eustaquio se vacía de la sustancia líquida y con esto el bebé pierde también la percepción de los sonidos agudos, que casi no oye. Durante las semanas siguientes tendrá que aprender a acomodar su oído para reestablecer el contacto que tenía con la voz de su madre desde el fondo del espacio uterino. Poco a poco el oído del bebé se abrirá al nuevo mundo sonoro que lo rodea.

¿Estos experimentos competen a mentes particularmente favorables a la vida uterina? En absoluto, porque no sólo las conclusiones del doctor Tomatis son comprobables y han sido verificadas científicamente, sino que también logró desarrollar sus investigaciones para constituir un método serio con el propósito de ayudar a los niños que sufren falta de concentración, problemas para memorizar, problemas de comportamiento y dislexia. Su método tiene además otras aplicaciones, tanto para niños como para adultos, mismas que el doctor Tomatis llama "pedagogía de la escucha", porque las medidas establecidas por él permiten que el sujeto "reencuentre el deseo de comunicar, aprendiendo a utilizar mejor el sistema auditivo del que dispone".

Sin estos estudios muchos métodos, incluida la musicoterapia, no habrían existido. La musicoterapia se define como la utilización de la música con fines terapéuticos. Esta práctica no tiene nada novedoso, dado que los pueblos antiguos ya presentían el poder de los efectos sonoros en los seres humanos. Muchos de los estudios científicos que se han realizado sobre la musicoterapia explican por qué esta práctica está cada vez más presente en los centros hospitalarios, como terapia complementaria o integral.

Para los terapeutas que la utilizan, la musicoterapia constituye un medio de expresión y de comunicación, pero también una perfecta herramienta de ayuda.

En efecto, existen dos enfoques distintos:

- **La musicoterapia receptiva**, que consiste en que el paciente escuche un programa sonoro instituido después de una entrevista psicológica y de una prueba de receptividad musical. Este programa sonoro se establece en función de la edad del paciente, de su cultura musical y de los problemas psicológicos por tratar. A través de técnicas de relajación bajo inducción musical, la musicoterapia reduce los estados de angustia, de nerviosismo, de insomnio y otros problemas psicosomáticos.
- **La musicoterapia activa**, más orientada hacia las producciones sonoras o el trabajo de la voz, facilita la comunicación con los adultos o los niños con quienes la expresión y la comunicación son difíciles (los autistas o las personas psicóticas, por ejemplo). En este caso, el paciente podrá expresarse mediante la música y el sonido.

En el caso del embarazo, fuera de todo contexto psicosomático o psicológico, la musicoterapia es una formidable herramienta de comunicación con el futuro bebé. Posteriormente también será útil: al hacerle escuchar regularmente una música agradable al feto (desde el cuarto mes del embarazo), la mamá comprobará el efecto tranquilizador de esa música sobre su bebé después del nacimiento. Las madres observan maravilladas la súbita relajación del bebé al escuchar su música preferida, la que arrulló su vida intrauterina.

Evidentemente, es inútil forzarse a escuchar música clásica si lo que le gusta es el rock pesado; cada persona posee su propia identidad sonora. No existe un repertorio tranquilizador y otro estimulante: cada quien se deja afectar únicamente por la música que le provoca una resonancia personal. Por lo tanto, tenga cuidado con los decibeles, ¡pero escuche lo que le plazca!

Paulina.
¿Cómo armonizar nuestra libido?

Conocí a Óscar hace más de quince años, pero al principio nuestras relaciones sólo eran amistosas. De hecho, él salía con mi prima. Pasamos, por lo tanto, mucho tiempo juntos: él acompañado de mi prima y yo escoltada por mi novio de aquella época. Pasábamos momentos maravillosos los cuatro, cada quien en su lugar.

Luego mi prima se enamoró de otro, tan moreno y extravertido como rubio y tímido es Óscar. Él no se sintió bien con la separación. Puesto que éramos muy amigos, pasé mucho tiempo consolándolo... Claro, mi novio aprovechó para romper conmigo, pero eso no me afectó. Al fin y al cabo estaba bastante contenta de verlo partir porque nuestra relación ya había empezado a desmoronarse desde hacía tiempo. ¿De quién fue la culpa? ¡Qué importa!

Mi relación con Óscar se transformó lentamente. Al principio hacíamos como si no pasara nada, pero era imposible dudar de nuestros sentimientos; todas nuestras conversaciones telefónicas, todos nuestros encuentros, dejaban flotando en el aire una atmósfera de seducción, de atracción reprimida.

Poco a poco alcanzamos el punto sin retorno. No hubo necesidad de declararnos: sabíamos que habíamos sido hechos el uno para el otro. Nos instalamos en un pequeño departamento en los suburbios y muy pronto quedé encinta.

Los primeros meses de mi embarazo estaba tan molesta por las náuseas que no pensé ni una vez en el sexo... Pero en cuanto se resolvió ese problema, resultó que mi deseo había permanecido inalterable.

Sin embargo, Óscar, que me había buscado sutilmente al principio del embarazo, comenzó a mostrarse reservado. En cuanto mi vientre empezó a hincharse él tendió a evitar las relaciones sexuales o, mejor dicho, la penetración. Mi pecho estaba pleno, así que pasaba mucho tiempo acariciándome los senos, el vientre, los muslos... Descubrí una nueva forma de sexualidad, plena de sensualidad y de ternura. Para mí era genial, pero tenía la impresión de que Óscar quedaba insatisfecho la mayor parte de las veces.

Tratamos de hablarlo, pero invariablemente me respondía que todo estaba bien y que estaba satisfecho con los cambios. A mí sus explicaciones no me bastaban. Como él no quería asistir a los cursos de preparación para la maternidad, le impuse una consulta con el sexólogo. Ya habíamos tenido problemas de sexualidad al principio de nuestra relación porque Óscar, muy enamorado, no lograba mantener la erección el tiempo suficiente para permitir la penetración. En pocas palabras, digamos que la emoción le provocaba eyaculación precoz.

Una vez más el sexólogo nos invitó a hablar, cada uno en su turno. A diferencia de la primera vez, cuando estaba frustrada por nuestras relaciones, en esta ocasión me sentía plena pero intuía que Óscar estaba frustrado. Lo único que yo quería era que tuviéramos una vida íntima normal, que nos satisficiera a los dos.

En la segunda sesión pusimos el dedo en la llaga: él tenía miedo de hacerle daño al bebé. Cuando le dijo a sus amigos que estaba embarazada, algunos consideraron bueno contarle cómo se había visto afectada su sexualidad durante el embarazo de sus esposas; uno de ellos incluso le había dicho que el bebé sentía todo durante las relaciones sexuales, y como prueba esta-

ban las contracciones que provocaba la penetración. Óscar quedó asqueado de esas historias; ¿qué futuro padre no lo hubiera estado?

El sexólogo nos explicó que el feto estaba bien protegido, que las relaciones sexuales no lo pueden molestar físicamente, y que aun cuando sintiera placer, esto se debía simplemente al hecho de que yo misma lo sentía. Pero eso no tenía nada que ver con la sexualidad; el bebé estaba sereno y feliz cuando yo lo estaba, así como sentía mis angustias cuando yo las padecía. El bebé no establecía relación alguna entre mis estados de ánimo y aquello que los hubiera ocasionado.

Después de esta aclaración nuestra vida íntima es incluso más intensa. Voy a dar a luz dentro de un mes a la pequeña Julieta, y no hemos interrumpido nuestras relaciones. Las posiciones obviamente han cambiado mucho; compramos un libro sobre el tantra y aprovechamos para perfeccionar nuestros conocimientos. Siempre reservamos un gran lugar para el juego amoroso que, lejos de ser preliminares, a menudo representan el acto mismo. ¿Me explico?

Sexología

¿Cómo puede ayudar la sexología a los futuros padres?

Debido a que cada embarazo es distinto, durante esos nueve meses se presentan diferentes situaciones: por el efecto de las hormonas y los cambios fisiológicos, algunas mujeres no se sentirán nunca realmente deseables; otras florecerán tan pronto concluya el primer trimestre, marcado por náuseas y vómitos; unas más se hallarán seductoras a lo largo de todo el embarazo, y aprovecharán para tener una sexualidad más rica que nunca.

En resumen, este periodo constituye un tiempo que la mayoría de las mujeres puede aprovechar. Al estar liberada de las presiones de la contracepción, del síndrome premenstrual y de la regla, la futura mamá puede, finalmente, vivir una sexualidad sin preocupaciones.

Sea cual fuere la categoría a la que pertenezca la mujer, evidentemente el papel del futuro papá es esencial: él debe mostrarse comprensivo y paciente si la libido de su compañera disminuye o desaparece. Antes que nada, lo importante es permanecer en contacto mediante el diálogo o a través de gestos tiernos, caricias, etcétera.

Pero no sólo la libido de la mujer sufre cambios durante el embarazo. Si bien hay hombres que ven a la futura mamá femenina y muy sexy, otros sienten declinar su deseo; el miedo a hacer daño al bebé es la causa más frecuente de ello.

El temor del futuro papá suele estar relacionado con el desconocimiento de la anatomía femenina; el hombre tiene miedo de tocar al bebé en el momento de la penetración. Sin embargo, éste se halla bien protegido dentro de su "bolsa" fetal. Otra inquietud del futuro papá es que su esperma provoque el parto. Efectivamente, el esperma contiene prostaglandinas que pueden provocar contracciones, pero el alumbramiento sólo ocurrirá cuando el bebé lo decida. Otros hombres se "enfrían" al tocar el pecho pleno de su compañera pues, debido al flujo hormonal, algunas mujeres rechazan ese contacto, aunque antes lo apreciaran, porque sus senos se han vuelto demasiado sensibles.

Dado que las contraindicaciones son raras –esencialmente los riesgos de un aborto, la amenaza de un parto prematuro, el antecedente de un aborto espontáneo, la pérdida de sangre, contagio de herpes–, no hay razón alguna para que los futuros padres se priven de tener una vida sexual.

Pero, ¿cómo tranquilizar al futuro papá? En alguno de los cursos de preparación o en consultas privadas, el ginecólogo, el médico o las parteras pueden abordar el tema de las relaciones sexuales durante el embarazo. Las reuniones para padres que organizan algunas clínicas permiten también que los hombres hablen acerca de sus problemas… ¡entre hombres!, y obtener soluciones a través de los consejos de algún especialista –en general un ginecólogo y/o un obstetra– y de los testimonios de otros participantes que no siempre viven su primer "embarazo".

La importancia del diálogo es primordial para evitar los malentendidos, pero también para que la pareja establezca, en conjunto, nuevas reglas en materia de sexualidad: posiciones sexuales adaptadas que no ejerzan presión sobre el vientre; cambio de hábitos sexuales en función del avance del embarazo, privilegiando la sensualidad y la ternura. Quienes piensan que sólo se puede alcanzar el orgasmo con la penetración deben revisar los clásicos: las caricias, los masajes y las prácticas orales son posibilidades que la pareja puede probar durante el embarazo.

Si el problema no puede resolverse, más valdrá consultar a un sexólogo para evitar que la situación empeore, porque una sexualidad mal vivida durante el embarazo tendrá forzosamente repercusiones después del parto.

Pero cuidado: la sexología es una ciencia reciente y poco reglamentada, de manera que algunos "especialistas" no cuentan con estudios formales ni con la debida capacitación. Por lo tanto, hay que ser particularmente cuidadosos, sobre todo cuando el paciente es *una mujer*. Los abusos sexuales existen; es mejor saberlo para aprender a evitar a los terapeutas deshonestos.

Una vez puestos en guardia, veamos cómo actuaría un sexólogo profesional. La primera consulta debe iniciar con una investigación para descartar cualquier causa orgánica de la problemática. Si el sexólogo es médico, él mismo podrá realizar el examen. Sin embargo, sigue siendo mejor realizarlo antes de la consulta, con su médico de cabecera o ginecólogo, para evitar cualquier incomodidad. Después de haber descartado toda causa orgánica, el sexólogo se basará en explicaciones verbales o escritas; en ningún caso le pedirá que se desvista, ¡y menos que realice algún acto erótico o sexual!

Según el problema que la lleve a la consulta, el terapeuta podrá proponerle consejos sencillos para mejorar su sexualidad, o bien una terapia.

El embarazo es un periodo que suele causar modificaciones en la sexualidad de la pareja. Múltiples estudios han sido realizados a lo largo de los últimos cincuenta años, tanto sobre la sexualidad de la mujer embarazada como sobre las consecuencias que las relaciones pudieran tener en el embarazo y en el feto. Ciertamente, hasta hace poco tiempo muchos médicos pensaban que las relaciones sexuales durante el embarazo eran fuente de complicaciones. Este miedo, que aún forma parte de nuestras creencias, modifica el comportamiento sexual de las parejas durante la gravidez.

Las investigaciones realizadas en Europa y en Canadá durante los últimos años demuestran que la sexualidad de las mujeres embarazadas sigue siendo un tema tabú, y que la mayoría de ellas no se atreve a abordar el asunto con un médico. Algunas parteras han decidido integrar un "capítulo especial sobre sexualidad" durante las sesiones de preparación para el parto; en ese caso, las futuras mamás pueden aprovechar las sesiones para comprender las reglas básicas de la sexualidad durante el embarazo, y quienes tengan algún problema pueden hablarlo más tarde, en una consulta de seguimiento individual con su partera o su obstetra.

El proceso con el sexólogo no es fácil, pues requiere poner nombre a los problemas, y por esto suscita muchas aprensiones. Sin embargo, hacerlo también permite restar importancia a una situación conflictiva, eliminar sentimientos de culpa en el compañero preocupado por el problema, y desprogramar los malos hábitos que pueden crearse en el seno de la pareja debido a la situación.

En conclusión, la práctica de una actividad sexual durante el embarazo –siempre y cuando no haya alguna contraindicación– es deseable y benéfica porque, además de reforzar los lazos de la pareja –lo cual influirá en el recibimiento equilibrado del bebé–, disminuirá el riesgo de tener problemas sexuales después del alumbramiento. Evidentemente, por actividad sexual hay que entender toda la gama de erotismo que existe, desde la penetración hasta las caricias, pasando por cualquier otra práctica que convenga a la pareja. Lo importante es mantener una comunicación verbal, expresar sus deseos y rechazos, y una comunicación física, preservando la ternura y la complicidad.

Beatriz.
¿Cómo dominar mis cambios
de humor?

¡Desde el inicio de mi embarazo me volví insoportable! Mis compañeros de trabajo, mis amistades, mi familia… todos se quejaban de mis cambios de humor. Yo, que de costumbre soy despreocupada y más o menos optimista, me convertí de pronto en "los hombros del mundo", como me apodaron amablemente. Así es, cada suceso dramático que ocurría caía sin falta sobre mis hombros. Mientras más al tanto estaba de las noticias, más me sentía afectada por la desdicha de los demás, y mientras más me preocupaba, más miraba las noticias en busca de nuevas catástrofes. Y, claro, no dejaba de llorar.

No sólo me volví hipersensible, sino que cambiaba de opinión a cada rato. Nadie me podía seguir el paso, y entenderme, ¡menos! Mauricio, mi marido, trató pero no tardó en darse por vencido. Por ejemplo, ya nos habíamos puesto de acuerdo sobre los nombres para el bebé: Fernando, si era niño, y Laura, si era niña. Luego, como mis lecturas o mis descubrimientos televisivos cambiaron mi punto de vista, me puse a pensar en otros nombres que según yo me sonaban mejor. Mauricio también tuvo que pintar el cuarto del bebé dos veces; habíamos acordado un tono suave y neutro, el verde anís, pero me pareció que ese color tenía una connotación femenina, y yo prefería traer a un niño al mundo. Así es, ¡incluso había programado la descen-

dencia! Un niño en el primer embarazo y luego dos niñas. Así el mayor podría cuidar de sus dos hermanitas.

A la distancia estos cambios de humor podrían parecer pueriles y tontos, pero cuando uno está inmerso en esa atmósfera son incontrolables. Mi madre –la única que parecía comprenderme– recordaba que cuando me esperaba a mí soñaba con frecuencia que daba luz a un bebé cubierto de vello de pies a cabeza. No se lo contó a nadie, pero aquello le amargó un poco el embarazo porque estaba segura de que se trataba de un sueño premonitorio. Por lo tanto, mis cambios de humor no la inquietaban mucho.

Pero yo ya estaba harta de pasar de la risa al llanto y de contradecir a todo el mundo, ¡incluso cuando estaba de acuerdo con sus ideas! Y mi desasosiego no parecía tener intenciones de disminuir, a diferencia de lo que me había dicho mi médico. Entonces, decidí ocuparme de mí misma y aprender a lidiar con mi estado mental. Una amiga me habló de la acupresión, que consiste en la estimulación de los puntos de acupuntura pero con el tacto y no con agujas, como se practica habitualmente.

Dado que las agujas me provocan un intenso miedo, esta versión me atrajo de inmediato. Como si fuera un masaje con presión, la acupunturista estimuló los puntos que corresponden a los problemas que había que curar, mismos que pueden estar en el brazo, en la muñeca, detrás de la rodilla... en cualquier lugar menos donde uno se lo imagina. Es curioso pero totalmente eficaz.

Progresé mucho con este método. Pude aprender a relajarme y aclarar mi mente. Empecé con dos sesiones a la semana y luego una cada diez días para reforzar los logros. Mi estado de ánimo mejoró, pero también el físico, porque la acupunturista alivió mis dolores lumbares y mejoró mi circulación sanguínea.

Fue durante una de esas sesiones que escuché LA canción en la radio: Bridge over troubled waters, *interpretada por Elvis Presley. Conocía la versión original de Simon y Garfunkel, que me era indiferente. Sin embargo, la versión de Elvis me llegó muy hondo. Nunca la había escuchado, a pesar de que el cantante había muerto cuando yo tenía apenas cuatro años.*

No sé por qué, pero esa canción me erizaba la piel aun después de oírla diez veces. Al escucharla surgían imágenes de mi vida, recuerdos felices que desfilaban por mi cabeza a toda velocidad. No sé qué era lo que provocaba ese fenómeno. ¿La calidez de la voz? ¿La intensidad de la música que iba en crescendo? En todo caso funcionaba: en cuanto me estresaba o andaba de malas, ponía la canción y todo mejoraba. Mis padres se burlaban cariñosamente de mí porque habían sido fans de Elvis cuando eran jóvenes... ¡treinta años antes!

La maternidad en la que estaba inscrita ponía un equipo de audio a la disposición de las futuras mamás, para que pudieran descansar con música de relajación. Naturalmente, el día D llevé una grabación personal: ¡cuarenta y cinco minutos de Bridge over troubled waters! Hay que decir que nadie quiso acompañarme en esa aventura; Mauricio y yo habíamos decidido que él no se aparecería sino hasta que el bebé y yo estuviéramos "presentables".

Mi parto se desarrolló tranquilamente. La partera que me atendió tenía formación en acupuntura y me propuso ponerme agujas. Con todo y mi temor a ellas, acepté. De todas maneras tenía la opción de llamar al anestesiólogo por si acaso. Con la música en los oídos y las agujas sobre el cuerpo no tuve necesidad de pedir que me pusieran bloqueo epidural. Mi bebé venía sin problemas y pude lidiar con el dolor de las contracciones como las grandes. ¡Mi hijo nació en menos de cinco horas!

Como casi todos los recién nacidos, a mi hijo Fernando –sí, finalmente se le quedó ese nombre– le dio por llorar al final del día. En cuanto caía la noche se ponía a llorar y nada ni nadie podían consolarlo. A veces podía durar horas. El pediatra me dijo que era normal, y que el llanto desaparecería alrededor del cuarto mes. Yo no podía dejar que Fernando llorara así sin hacer nada. Entonces, después de intentar el arrullo, el paseo en *carriola, los juegos… intenté mi método: le puse mi canción. ¡Al instante dejó de llorar! Parecía muy interesado. Entonces puse la cinta en reproducción automática para que se repitiera hasta que se durmiera. Era mágico: esa canción le provocaba la misma reacción tranquilizante que me había provocado a mí durante el embarazo. Como una pareja de viejitos, los dos tenemos nuestra canción.*

Acupuntura y musicoterapia

¿La acupuntura y la música pueden regular el humor de la mujer encinta?

La acupuntura, medicina tradicional china, tiene una perspectiva holística. Por consiguiente, trata tanto los problemas físicos como los psicológicos. Actúa activando los mecanismos de regulación del organismo, lo cual permite volver a echar a andar la autocuración. La acupuntura tiene una función preventiva, pero también trata diversos males que provienen esencialmente de "desequilibrios". Éstos pueden ser de orden musculoesquelético (dolores musculares), gastrointestinal (diarrea, estreñimiento), respiratorio (bronquitis, asma), nervioso (estrés, angustia), etcétera. Resulta particularmente eficaz en los casos de dolor de cabeza, náuseas y vómitos, dolores articulares crónicos, y dolores y problemas relacionados con el ciclo menstrual, pero también en los problemas ligados con el estrés. La acupuntura sitúa a la paciente en un estado de relajación y de bienestar que le permite tener ideas más claras, centrarse en lo esencial y tomar con perfecta serenidad las decisiones necesarias. Al desestresarse, la persona puede expresar sus dudas, sus debilidades, sus angustias.

¿Cómo procede el terapeuta? En la primera consulta el acupunturista evaluará el estado de salud de la persona e identificará cuáles son sus desequilibrios energéticos. Para ello usa la observación, pero también hace preguntas y palpa algunas zonas del cuerpo. Tomará el pulso antes de cada sesión, y luego insertará unas agujas largas sobre la superficie de la piel con el propósito de estimular los puntos de acupuntura específicos, situados a lo largo de los meridianos. Un buen acupunturista se sabe de memoria el esquema detallado de los puntos de acupuntura, los meridianos y su relación con los órganos y las funciones del cuerpo.

Aunque las agujas causen a primera vista poco entusiasmo, la acupuntura no es peligrosa (las agujas desechables son de uso exclusivo del paciente) ni dolorosa. Algunas personas pueden sentir un ligero cosquilleo en el lugar del piquete; otras se duermen durante la sesión.

Para aquellas –¡y aquellos!– que le tienen miedo a los piquetes, existen otros métodos de estimulación de los meridianos:

- La *moxibustión*, que consiste en aplicar, sobre las agujas o sobre los puntos de acupuntura, el calor generado por la combustión de un rollo de moxa (abrótano).
- Los *ba guan zi*, ventosas que se fijan sobre un punto o bien se deslizan a lo largo del meridiano.
- La *acupresión*, acercamiento tradicional japonés que consiste en estimular los puntos energéticos por medio del tacto en lugar de hacerlo con agujas.

La acupresión puede asemejarse al *shiatsu* pero son dos prácticas distintas. A diferencia de este, que es un masaje, la acupresión es una antigua técnica de curación emparentada con la acupuntura. Esta práctica tiene como finalidad aumentar el *qi* (pronúnciese chi), la energía esencial del cuerpo.

Durante el embarazo, la acupuntura actúa como un valioso aliado. Si bien es posible consultar a un acupunturista en su consultorio o en ciertos hospitales, algunas parteras u obstetras que tienen formación como acupunturistas ofrecen sus servicios en las maternidades, ya sea antes, durante y/o después del embarazo.

- **Antes del embarazo:** la acupuntura trata los problemas de infertilidad y equilibra el estado general de la paciente. Esta medicina también ayuda a dejar el tabaco, lo cual es muy importante desde antes del embarazo.
- **Durante el embarazo:** la acupuntura alivia las náuseas y vómitos, los dolores abdominales y la ciática, los trastornos urinarios, el estreñimiento, los problemas de sueño, la fatiga, las angustias, los problemas de humor y el estrés. También puede tratar la mala posición del feto y preparar el trabajo de parto permitiendo, durante las últimas sesiones, una maduración del cuello uterino.
- **Durante el parto:** la acupuntura ayuda a lidiar mejor con el dolor de las contracciones. También puede ayudar al feto a adoptar una buena posición para facilitar el parto por vías naturales.
- **Después del embarazo:** la acupuntura ayuda a las mujeres con problemas de lactancia y a quienes sufren de depresión postparto.

Como toda medicina, la acupuntura tiene límites; aunque puede mejorar la condición de personas con enfermedades graves o con deficiencias genéticas, no pretende curarlas. Además, también tiene contraindicaciones: durante el embarazo, por ejemplo, debe evitarse la estimulación de ciertos puntos. Pero esto cualquier buen acupunturista lo sabe.

No me extenderé aquí sobre el enfoque terapéutico de la musicoterapia (que ya se abordó en el caso de Angélica); sólo recordaremos algunos detalles.

La musicoterapia consiste en utilizar la música con un propósito terapéutico. Aunque es muy antigua, esta práctica ha sido objeto de trabajos científicos que le permitieron implantarse en los centros hospitalarios como terapia, ya sea integral o complementaria. Por ejemplo, se ha demostrado que la música es capaz de abrir canales de comunicación, y actuará, entonces, en el dominio de lo no verbal para establecer una comunicación verbal, consciente e intencionada. En este sentido, se distingue de las psicoterapias clásicas, aunque puede convertirse en uno de sus elementos.

Los sonidos y los ritmos de la música permiten desarrollar la creatividad, centrarse en el interior y curar diversos problemas de salud como la ansiedad, algunos dolores crónicos, dificultades de aprendizaje, etcétera. Tomando en cuenta su efecto sobre el sistema nervioso central, la música ayuda a disminuir el estrés. Por eso encontramos esta práctica tanto en las psicoterapias como en los talleres de desarrollo personal, donde se espera generalmente la estimulación de la imaginación y de la creatividad, el aumento del dinamismo y el desarrollo de la memoria. En este nivel de armonía interior la persona puede tomar decisiones y organizar sus elecciones de vida en calma y completamente tranquila. De hecho, suele suceder que las elecciones se imponen naturalmente al individuo.

Para aprovechar sus beneficios no hace falta saber de música: basta con conectarse con los sonidos. Según nuestra cultura y nuestra historia, es posible descubrir sonoridades que nos relajan o nos estimulan. Si bien las músicas de relajación, creadas a partir del conocimiento de los sonidos, pueden tocar a cada persona de una manera más o menos idéntica, es interesante emprender la búsqueda de sonoridades específicas, propias de cada quien, que tendrán el efecto esperado según nuestra vivencia particular. Fue eso lo que le sucedió a Beatriz, quien encontró Su canción... ¡y por lo visto también la de su hijo!

Elisa.
¿Cómo superar un embarazo
de alto riesgo?

Cuando conocí a Gilberto, de inmediato supe que sería el hombre de mi vida, el padre de mis hijos. Y, sin embargo, él era tan medido como yo acelerada, tan fantasioso como yo organizada. Sin duda esta diferencia fue lo que me atrajo, porque estoy consciente de mis imperfecciones.

Cuando empezamos a hablar de tener un bebé, llevaba nueve años trabajando como agregada de prensa de una importante agencia. Me consideraba afortunada de poder hacer un trabajo apasionante. Por eso pospuse durante mucho tiempo la idea de tener un bebé; además, en ese medio una mujer encinta no tiene oportunidades reales de desarrollo. Es una observación vergonzosa, pero cierta. Evidentemente, nuestra decisión de tener un hijo podía poner en riesgo mi carrera. Estaba frente a una elección peligrosa, sembrada de incertidumbres: ¿y si mi jefe y mis colegas aprovechaban para dejarme fuera de la jugada? ¿Y si al volver de mi incapacidad por maternidad ya no encontraba mi puesto?

No tuve que sopesar mi decisión demasiado tiempo; cinco semanas después estaba encinta. Durante un instante, lo confieso, la idea de abortar me pasó por la cabeza, pero rápidamente la hice a un lado porque a este bebé lo habíamos puesto en ruta juntos. Ahora debíamos asumir nuestras responsabili-

dades. Por otro lado, a los treinta y siete años no podía pospo-
ner la maternidad; quien hablaba era mi reloj biológico y tam-
bién la voz de Gilberto, quien a los cuarenta y dos años ya
empezaba a ser un poco mayor.

Durante las semanas siguientes tuve las primeras grandes
dudas de mi vida. Dudaba de todo. De mis antojos, porque
eran tan extravagantes que hacían temblar a mi mamá, una
perfecta pequeñoburguesa; dudaba también de la seguridad en
mí misma y de mis capacidades; aunque era consciente de mis
aptitudes profesionales, me angustiaba mucho pensar si podría
ser una buena madre, si lograría conciliar la vida profesional
con la familiar.

Casi había dominado mis dudas cuando, en un examen
ginecológico del segundo trimestre, el médico me dijo que tenía
un fuerte riesgo de sufrir un parto prematuro debido a la aper-
tura del cuello; debía permanecer acostada si quería continuar
el embarazo. Rumié mi irritación durante algunos días y luego
reaccioné y decidí organizarme: llamé a mi jefe para informar-
le que me ausentaría del trabajo durante varios meses, y apro-
veché para anunciarle que estaba embarazada. Para tranquili-
zarlo, le aseguré que podría seguir trabajando en casa. Aún
puedo oír el suspiro de alivio que externó; luego, al darse cuen-
ta de que se trataba de un importante problema de salud, pues
requería de una inmovilidad prolongada, se apresuró a pregun-
tarme sobre mi estado y el del bebé. ¡Ay, esos ejecutivos no tie-
nen sentido alguno de las prioridades!

Al organizar mi nueva manera de trabajar volví a encon-
trar un poco de energía. Instalé la computadora y el teléfono
cerca de mi cama y me puse a trabajar más que en la oficina.
Dado que no podía salir de casa, multipliqué los contactos tele-
fónicos, la realización de documentos, la búsqueda de informa-
ción, y demás.

Sin embargo, me molestaba una cosa: tenía que delegar mis
citas a mis colegas. Pero mis clientes comprendían bien mi situa-

ción y algunos me llamaban regularmente para tener noticias mías, darme consejos, animarme... Era muy amable de su parte pero, a causa de ello, me sentía todavía más frustrada. Entonces hacía más de lo necesario.

Con este nuevo ritmo de vida a menudo acababa rendida al final del día, cansada de no haberme movido ni un milímetro. Lo platiqué con Carla, mi amiga estilista, que venía a verme dos veces por semana para entretenerme. A veces insistía en peinarme o maquillarme y, aunque a mí me parecía superfluo, apreciaba mucho esos momentos de complicidad femenina. Para aliviar mis tensiones musculares me propuso hacerme masajes. Empecé por negarme porque no quería sentirme aún más inútil y pasiva. Luego, como ella insistía, acabé por ceder. ¡Fue divino! Yo, que adoro tener el control de todo y no soporto la inactividad, descubrí curiosamente la felicidad de abandonarme y escuchar mi cuerpo. Los gestos de Carla eran suaves, pero muy envolventes. Sus manos pasaban lista de todas las partes de mi cuerpo, presionando más en las piernas y en mi espalda adolorida, y aligerándose alrededor de mi vientre y en el rostro.

En función de mis humores y del avance de mi embarazo fue modificando la composición de los aceites de masaje. Me perfumaba con esencia de rosas o naranja dulce. Gracias a sus masajes pude percibir mejor los cambios que se operaban en mi interior. Me sentía tan relajada que progresivamente hice a un lado mi trabajo para descansar un poco más, para ver la televisión, para leer, ¡cosas que no había hecho en lustros! Descubrí que uno puede quedarse en casa sin aburrirse.

Impresionada por los beneficios que me habían dado sus masajes, Carla se lanzó a comprar una cinta de video de un kinesiterapeuta que ofrecía el aprendizaje de movimientos de masaje adaptados a la mujer encinta. Yo le serví de conejillo de indias. ¡Pero un conejillo de indias de acuerdo y encantado! Antes de finalizar mi incapacidad por maternidad, Carla se había convertido en una masajista profesional, especializada *en embarazo. Sorprendida por los beneficios que obtuve, ahora planea seguir preparándose, aunque ya no podrá practicar conmigo porque di a luz a una pequeña, María, hace seis semanas. Es un amor de bebé, apacible y muy poco llorona. Estoy convencida de que el estado de serenidad con el que pude envolverla durante mi embarazo tiene algo que ver.*

Dentro de un mes y pico debo regresar a mi trabajo, y me parece que el tiempo pasó demasiado rápido. Quisiera disfrutar un poco más a María. Tengo ganas de escuchar a mi corazón y proponerle a mi jefe un compromiso: ahora que nació María podría combinar el trabajo en casa y las citas afuera. Este arreglo funcionó bien durante mi embarazo, y me permitiría lidiar adecuadamente con mis dos responsabilidades: la vida profesional y la familiar.

No tengo deseos de escoger entre las dos. Amo mi profesión y adoro a mi familia. Además, ¿quién sabría que me consiento con una sesión de masaje entre dos contratos?

Masajes

¿Qué aportan los masajes a las mujeres que llevan su embarazo prácticamente inmóviles?

Todas las mujeres encinta pueden beneficiarse de los masajes, pero es verdad que en los embarazos que requieran inmovilidad las ventajas serán particularmente apreciadas.

Algunas circunstancias pueden imponer la disminución e incluso el cese absoluto de actividades profesionales y sociales, bajo pena de un aborto espontáneo. El descanso se prescribe en los casos de contracciones repetidas, de apertura del cuello, de retraso en el crecimiento del feto, de una fisura en la fuente, etcétera. Como cada caso es distinto, el médico podrá exigir el reposo en casa o la hospitalización.

En el caso de Elisa se trató de un cuello uterino abierto. Normalmente, el cuello del útero debe permanecer cerrado durante todo el embarazo para impedir la entrada de microbios y evitar los riesgos de parto prematuro. Cuando el cuello no es suficientemente hermético, se habla de "dilatación cervical". Esto puede tener diversos orígenes: precedentes de partos difíciles (por un bebé demasiado grande, por ejemplo), antecedentes de dilatación importante del cuello (debido a un aborto provocado), o una malformación uterina.[1] Es más raro que el origen sea congénito (malformación de nacimiento). A veces no se halla ninguna causa.

Dado que el riesgo es un aborto no deseado (durante los primeros meses) o un parto prematuro (al final del embarazo), es importante diagnosticar la dilatación cervical lo antes posible, generalmente por medio de una radiografía del útero o por la exploración de la cavidad uterina con ayuda de una sonda. Cuando se constata la dilatación cervical, el tratamiento que suele darse es el cerclaje del cuello uterino, procedimiento que consiste en colocar un hilo en la pared del cuello del útero para cerrarlo. Esta operación se realiza por vía vaginal, con anestesia local. El hilo se retira al final del embarazo para permitir el parto. Este tratamiento no dispensa a la paciente de seguir los consejos de su médico para evitar el riesgo de un parto prematuro, sobre todo en cuestión de reposo y de usar ciertas posiciones durante las relaciones sexuales.

Si bien es frecuente que los médicos recomienden el cerclaje del cuello, éste no deja de ser un tratamiento muy

---

[1] Es especialmente el caso de las "niñas Des": este nombre designa a las niñas cuyas madres tomaron dietilestilbestrol durante su embarazo. Este peligroso medicamento, prescrito masivamente entre 1948 y 1977, provocó numerosos daños (malformaciones del aparato genital, cánceres vaginales o del cuello uterino, riesgos de abortos no deseados, etcétera). Las "niñas Des", que fueron más de 80 mil en Francia, hoy están en edad de procrear y deben llevar un seguimiento cuidadoso porque en Estados Unidos se habla de riesgos de cáncer en la tercera generación.

controvertido. En efecto, con base en los resultados de estudios recientes, algunos doctores cuestionan su eficacia en la prevención de partos prematuros. Conviene informarse sobre las ventajas y los inconvenientes de dicho tratamiento para tomar la mejor decisión posible.

El masaje a la futura mamá no provocará cambios en el nivel del cuello del útero. Sus principios son modestos aunque apreciados por las mujeres que de pronto se hallan privadas de su vida social. Los beneficios, cualquiera que sea el método de masaje utilizado, son tanto físicos como psíquicos.

- Relajación muscular y nerviosa.
- Disminución de los problemas de circulación sanguínea.
- Mejoría de la digestión y disminución de los problemas relacionados con ésta (reflujos, agruras, estreñimiento).
- Adquisición de una mejor conciencia psico-corporal.

Un embarazo en medio de la inactividad acentúa ciertas molestias. Permanecer acostada no favorece la digestión; los problemas de estreñimiento se amplifican por la falta de actividad física; los músculos están adoloridos; la fluidez circulatoria disminuye, ¡y la moral cae al suelo sin remedio! Al estar tendida la mayor parte del tiempo, la mujer olvida escuchar su cuerpo. Sin embargo, los cambios físicos y psíquicos que intervienen durante el embarazo son a la vez medios para sentirlo y para "habitarlo", lo cual también permite continuar sintiéndose serena, bella y deseable.

Éstos no son más que algunos de los beneficios de los masajes, pero hay muchos otros, tan diversos como distintos son los métodos. Entre los masajes que se utilizan con mayor frecuencia están:

- **El masaje californiano**, que combina movimientos fluidos y envolventes con roces suaves y presiones ligeras. Se inicia con roces suaves y envolventes y luego los movimientos se intensifican para aliviar las tensiones más profundas, liberando a veces emociones escondidas. Es un verdadero masaje que tranquiliza, relaja y aporta un bienestar físico y emocional importante.

- **El masaje holístico**, que, como su nombre indica, es un enfoque integral, es decir, considera al individuo como un todo. Este masaje es profundo y envolvente, y combina técnicas muy variadas: estiramientos, balanceos, acompañamiento de la respiración, entre otros.
- **El Masaje Sensitivo**®, que favorece la interacción entre la vivencia psíquica y la física. Este tocar "sensitivo", particularmente suave, procura la armonización general de la persona.
- **La reflexología plantar** es una práctica manual que permite liberar las capacidades de autocuración. Para los masajistas, el pie es la réplica del cuerpo humano en miniatura, pues todos los órganos se hallan representados en él en versión concentrada. Las presiones que se ejercen sobre las zonas reflejas permitirán ubicar las tensiones y restablecer el equilibrio.
- **El masaje tailandés**, que es todo menos aquello que uno cree. Esta técnica ancestral, que todavía se practica en los templos tailandeses, no es sexual. La persona que recibe el masaje permanece vestida mientras el masajista efectúa presiones sobre el cuerpo para liberar la energía.
- **El masaje indio**, que, en su versión terapéutica, procura reequilibrar las zonas de energía. Por lo tanto, se propone un balance al principio de la sesión. En su versión preventiva está destinado a la mujer encinta, excepto durante el primer y último trimestres, periodos durante los cuales la mujer embarazada deberá contentarse con un masaje relajante.

- **El shiatsu**, que significa "presión de los dedos", procura estimular la energía vital. Esta técnica ha sido aprobada en algunos países como medicina no convencional.

Las contraindicaciones del masaje tienen que ver con el sentido común. Así, se recomienda no recibir masajes si hay fiebre alta, sobre lesiones o cicatrices recientes, así como al principio del embarazo. Este periodo de la vida de una mujer suele requerir una adaptación de ciertos movimientos y la supresión de otros. En algunos lugares el masaje sigue siendo una práctica poco desarrollada por dos razones principales:

- El monopolio de los kinesiterapeutas, que son los únicos que están habilitados para practicarlo oficialmente.
- La connotación sexual que acompaña los términos de "masaje" y "tacto". Parece que las cosas están evolucionando en el buen sentido con el fenómeno del masaje para bebés que está de moda. Pero ese tacto afectivo debe conservar su expresión de ternura, sin tabúes ni connotaciones sexuales. En el terreno terapéutico, el masajista también debe respetar el estado de disponibilidad de su paciente, sin violentarla. De otro modo pueden surgir malentendidos.

No olvidemos que el tacto es primordial en la vida de un bebé. ¿Por qué el adulto, al crecer, habría de privarse de él?

Sandra.
¿Cómo recuperar el contacto
con mi bebé?

Mi primer embarazo se desarrolló sin problema. No tuve náu-seas ni antojos en particular. Podría incluso decir que embara-zada me siento al máximo. ¿Mi parto? ¡Un sueño! No sé lo que son las contracciones. Después de que se me rompiera la fuente fui al hospital y parí en menos de media hora.

Mi segundo embarazo prometía desarrollarse de la misma manera. Desde las primeras señales informé a mi familia y a mis amistades que estaba esperando a mi segundo bebé. Mi Elena había pedido un hermanito o una hermanita para Navidad y estaba feliz con mi estado. ¡Todo iba de maravilla!

Hasta que me llamaron al trabajo para decirme que tenían que hacerme una amniocentesis de inmediato porque el examen de sangre indicaba un elevado riesgo de trisomía. El laborato-rio médico no tuvo el menor tacto: era un mensaje telefónico brutal. Yo estaba como loca. Como compartía la oficina con dos colegas, no podía llamar a mi pareja ni a mi médico para que me explicara lo que acababa de ocurrirme. Pasé el resto de la tarde con la cabeza abotagada. Estaba en otra parte, lejana e impaciente por regresar a casa.

Seguramente tenía una cara extraña, porque mi jefa me dijo que si quería podía irme más temprano para descansar, ya que no me veía bien. No me lo dijo dos veces. En cuanto llegué a casa llamé a Federico, mi pareja. Estaba tan anonadado como yo; ya teníamos un hijo, ¡sin duda aquello era un error! De inmediato llamé a mi médico, quien me citó al día siguiente. Mientras tanto, me dijo, era inútil inquietarse porque muchos análisis de amniocentesis contradecían el resultado sanguíneo. No por eso estuve más tranquila, sobre todo porque había oído historias horribles sobre la amniocentesis: abortos no deseados, muerte de la madre, y demás.

Puesto que ya estaba decidida la amniocentesis, fui al consultorio de mi ginecólogo. Él nos explicó, a Federico y a mí, que la prueba de sangre había mostrado un riesgo elevado; ya no recuerdo la cifra que nos dio, pero parecía enorme. No sentí dolor durante el examen, quizá porque estaba inmune debido a la conmoción. Lo peor fue cuando se nos dijo que había que esperar diez días para conocer los resultados.

Yo no estaba preparada. Una noticia de ese tipo era muy fuerte, e injusta. Y luego, había que tomar una decisión rápida y atenerse a ella. ¿Debía abortar? Yo ya estaba muy apegada a mi bebé, y Elena también lo adoraba. ¿Cómo decirle que había el riesgo de que el bebé no fuera normal y que, por consiguiente, debíamos separarnos? Porque Federico y yo habíamos decidido no continuar con el embarazo.

No tuve el valor de hablar con Elena ni con mi familia o amistades. Lloré mucho en la intimidad, apoyada por Federico, y en público traté de aparentar lo contrario. Hice como si todo fuera bien.

Durante este periodo tan difícil puse mi embarazo entre paréntesis. Corté el lazo con el feto. Dejé de mirar la ropita en las tiendas, dejé de ponerme en contacto con mi bebé. Visto desde fuera yo era una mujer encinta como cualquier otra, pero por dentro estaba hecha trizas, hacía como si ya no estuviera embarazada para desapegarme del feto en caso de que tuviera que separarme de él.

Esos días de espera quedarán sin duda marcados como los más largos de mi vida. Y cuando llega el momento del veredicto, la angustia se amplifica.

Negativo. ¡La prueba resultó negativa! Y allí, a pesar del alivio, surgió otro problema: ¿cómo recuperar el contacto con mi bebé después de haberlo abandonado tanto tiempo? No comunicarse con el bebé es horrible, pero al tratar de restablecer el contacto me sentía torpe y terriblemente culpable. Quería retomarlo pero al mismo tiempo no sabía cómo hacerlo. ¿Qué pensará el bebé después de esta larga espera? La prensa nos ha repetido suficientemente que hay que explicarle todo al feto, porque puede sentir nuestras emociones, nuestras alegrías y nuestras angustias. Si esto era cierto, ¡forzosamente había sentido mi desesperación! ¿Cómo explicarle?

Durante dos días ignoré deliberadamente las manifestaciones de mi bebé. Sentía que se movía, pero no podía decidirme a poner la mano sobre mi vientre, a tranquilizarlo. Al no encontrar respuesta en Federico, se lo platiqué a mi mejor amiga, Julia. Ella me confesó que había vivido las mismas angustias durante su embarazo. Y claro, al igual que nosotros, ella y su marido se lo callaron. Me habló de la naturopatía y sobre todo de las flores de Bach que le había prescrito su terapeuta. Era la primera vez que oía hablar de aquello.

Fui a ver a su naturópata y descubrí a una mujer vivaz, simpática y muy competente. Me recetó un complejo de plantas para luchar contra los problemas de sueño, que empezaban a agotarme y a volverme irritable. También me recomendó unas flores de Bach: estrella de Belén para curar la conmoción, y pino, que actúa sobre el sentimiento de culpabilidad.

Estos remedios no están cubiertos por el seguro social, y es una lástima. Gracias al tratamiento recobré la confianza en mí misma. Después de algunos días me sentí lo suficientemente serena para responder a las patadas de mi bebé. Posé mis dos manos sobre mi vientre y empecé una larga conversación con él.

Como me había aconsejado mi naturópata, dejé que hablaran mis temores, mi culpabilidad, mi amor... Lloré mucho, pero sin quitar las manos del vientre. Quería que mi bebé conociera todos mis sentimientos.

Esa noche, cuando Federico regresó del trabajo, me encontró sentada tranquilamente sobre la alfombra de la sala, armando un rompecabezas con Elena. Hacía días que evitaba los momentos de complicidad con nuestra hija porque temía sus preguntas. Ella se dio cuenta de que algo no andaba bien y que rehuíamos toda pregunta sobre el bebé.

Cuando la mirada de Federico se cruzó con la mía, de inmediato comprendió que por fin estaba en paz conmigo misma. Simplemente posó su mano sobre mi vientre y permanecimos así un largo rato. Elena se unió a nosotros. ¡Por fin, en familia y serenos!

Naturopatía

¿Cómo puede la naturopatía ayudar a restablecer el contacto con el bebé?

Desde hace una decena de años se propone a la mujer encinta que se haga una prueba de sangre para evaluar los riesgos de trisomía. Este examen evita recurrir, en primera instancia, a pruebas más profundas, lo cual tiene como efecto tranquilizar a los futuros padres sobre la salud del bebé. Sin embargo, cuando el examen indica un elevado riesgo de anormalidad, los padres se sienten doblemente angustiados: cuando se les da la mala noticia y durante la espera de los resultados de la amniocentesis.

La amniocentesis es un examen prenatal que los médicos prescriben en caso de que el feto presente riesgos importantes de anormalidad cromosómica o de ser portador de una enfermedad hereditaria. Antes este examen se practicaba sistemáticamente a las mujeres embarazadas de más de 38 años, pero dado que cerca del 70% de los niños portadores de trisomía 21 nacen de madres que tienen menos de 35 años, los médicos ahora proceden a una evaluación de los riesgos por medio de una prueba de sangre, independientemente de la edad de la futura mamá. Al pasar cierto tope de riesgo, se aconseja una amniocentesis con el acuerdo de los padres.*

Este examen puede practicarse desde la decimoquinta semana de amenorrea hasta la noche antes del parto. Cuando se sospecha que hay una anormalidad cromosómica o genética, se hace la amniocentesis temprana, es decir, entre la decimoquinta y la decimoséptima semanas de amenorrea. Los padres tienen entonces la elección de conservar a su bebé –a sabiendas de que presenta un riesgo elevado de malformación, aun cuando ninguna ciencia es cien por ciento exacta– o bien hacerse un aborto terapéutico.

Realizada por un ginecobstetra, la amniocentesis no requiere anestesia. Después de haber ubicado al feto en la pantalla de ultrasonido, el médico desinfecta la piel del vientre de la mujer y luego, siempre bajo el control del ultrasonido, inserta una aguja muy fina en el abdomen para tomar un poco de líquido amniótico. Esto no es doloroso, pero puede causar una desagradable sensación de estiramiento. El líquido que se toma se envía a un laboratorio para ser analizado.

Los riesgos de aborto después de la amniocentesis son raros (aproximadamente el uno por ciento), pero reales. Por eso es importante que la mujer encinta esté plenamente informada por su médico. Además, hay que saber que el reposo es obligatorio durante 24 horas después del examen.

---

*La amniocentesis permite buscar un riesgo de trisomía 21 (también llamado síndrome de Down) pero también las trisomías 13 y 18, que resultan en malformaciones serias del sistema cardiaco, digestivo o cerebral, mismos que juegan un papel importante en la esperanza de vida del bebé.

Si durante las horas o los días posteriores a la amniocentesis la futura mamá presenta fiebre (dolor de cabeza, cuerpo cortado y demás) o si observa una pérdida de líquido amniótico, debe consultar a su médico con urgencia.

No hace falta decir que la naturopatía, al igual que cualquier otra medicina, no puede hacer nada contra los riesgos de anomalía del feto, ya que estos parámetros se definen a la hora de la concepción. Sin embargo, esta práctica, que actúa sobre los aspectos físico y psíquico de la paciente, puede aportarle una mejoría integral. En el terreno preciso de la amniocentesis y sobre todo en el caso de ruptura de comunicación con el bebé, permite desestresarse y quitar sentimientos de culpa a la futura mamá, lo cual conducirá a restablecer el lazo alterado.

En algunos lugares suelen diferenciarse los términos *naturopatía* y *naturoterapia*: la *naturopatía* la practican terapeutas que no son médicos, mientras que la *naturoterapia* está a cargo de médicos que tomaron un curso universitario de especialización. No por ello hay que deducir que los naturópatas son unos charlatanes.

Existen numerosas escuelas, en Europa y en Estados Unidos, reconocidas por su seriedad y la calidad de su enseñanza. La naturopatía es un sistema médico completo basado en la estimulación de los mecanismos naturales de autocuración del cuerpo. Las intervenciones del naturópata buscan más la activación de dichos mecanismos que la eliminación de los síntomas.

Para lograrlo, el terapeuta fija diferentes reglas de vida en materia de higiene, salud física y psíquica, y opta por diferentes herramientas en función del problema por curar. Entre éstas se encuentran la fitoterapia (medicina herbolaria), la nutriterapia, la homeopatía, la acupuntura, las manipulaciones físicas (osteopatía, quiropráctica), los métodos de relajación, y demás.

Los orígenes de la naturopatía no se conocen a ciencia cierta, dado que es la combinación de varias prácticas: algunas datan de hace 2,500 años, mientras que otras se sitúan en China cerca del año 20,000 a. C. Su forma actual es más reciente, puesto que el fundamento oficial de la naturopatía contemporánea se debe al alemán Benedict Lust (1870-1945), médico, osteópata y quiropráctico. Luego de emigrar a Estados Unidos, fundó allí, en 1902, la primera escuela de naturopatía. Para comprender el concepto del enfoque integral, he aquí los principios que la naturopatía tomó del sermón de Hipócrates:

- *Vis medicatrix naturae*: el poder curativo de la naturaleza. Según Hipócrates, el cuerpo posee la capacidad innata de conservar la salud y restablecerla cuando la pierde. El papel del naturópata consistirá, pues, en facilitar el acceso a dichas capacidades naturales, identificando y eliminando los obstáculos que se oponen a ello.
- *Primum non nocere*: primero, no hacer daño. Los síntomas de una enfermedad (la fiebre, sobre todo) pueden ser la manifestación de un proceso de curación. Por consiguiente, conviene acompañar el proceso natural de curación, y no oponérsele.
- *Tolle causam*: identificar y tratar la causa. Al igual que en toda medicina integral, la naturopatía debe buscar las causas de la enfermedad y no tratar de suprimir los síntomas.
- *Docere*: enseñar. El médico debe enseñar a su paciente cómo cuidar de sí mismo, cómo equilibrar lo físico y lo mental, cómo alimentarse sanamente y prevenir las enfermedades.

Si esto le parece simple y evidente, sepa usted que se requieren no menos de cuatro años para ser naturópata, porque cada técnica utilizada exige un perfecto conocimiento. Por ejemplo, recordemos que las plantas pueden ser peligrosas, sobre todo cuando son destinadas a la mujer encinta, a la mujer que da pecho o al niño. Más peligrosa aún, si se aplica mal, es la aromaterapia, medicina que cura por medio de los aceites esenciales.

Si bien no son tóxicas y cualquiera puede utilizarlas, las flores de Bach exigen asimismo un buen conocimiento de los productos. También llamadas elíxires florales, las flores de Bach deben su nombre a su creador, el doctor Edward Bach. Este bacteriólogo desarrolló la homeopatía y creó un derivado centrado en la psique. Las flores de Bach están, pues, destinadas a reequilibrar las funciones psíquicas, pero también físicas, pues nadie puede dudar hoy día de la interacción que existe entre ambos polos. Nos obsesiona una angustia y nos da diarrea; se prolonga una frustración y he aquí que vuelve el dolor de espalda. Los 38 elíxires creados por el doctor Bach entre 1930 y 1936 pretenden contribuir a restablecer nuestro estado de salud emocional, lo cual tendrá como consecuencia la cura de los problemas físicos ligados a nuestras emociones.

Dichos elíxires han tenido tanto éxito que otros médicos de todo el mundo han creado sus propios compuestos. Durante el embarazo ciertos terapeutas recomendarán el *Remedio de emergencia,* un clásico del doctor Bach (en caso de conmoción emocional); otros, el elíxir australiano *Cepillo de botella* (para favorecer el lazo madre-niño), o bien el elíxir californiano *Pears* (para acrecentar el sentimiento de serenidad); o simplemente el elíxir de Alaska *Embarazo.*

Estos elíxires se encuentran fácilmente en las tiendas de productos biológicos. Hay variantes sin alcohol especialmente adaptadas para las futuras y jóvenes mamás, los niños y los bebitos.

Isabel.
¿Cómo puedo controlar el temor al parto?

Desde que recuerdo, siempre he sido muy sensible al dolor. Cuando las mujeres de mi familia –mi madre, mis tías, mis primas– hablaban de sus partos, yo me preguntaba cómo era humanamente posible aceptar tal sufrimiento.

Entonces, cuando mi esposo Francisco y yo decidimos concebir un bebé, me entró el pánico: ¡imposible imaginar un embarazo sin parto! Le tenía un miedo terrible al sufrimiento durante ese acto, aun sabiendo que existen métodos llamados antidolor.

Tomando al toro por los cuernos, decidí anticiparme: hice cita con el ginecólogo y le pedí hablar con el anestesiólogo para estar segura de que podría aprovechar el bloqueo epidural cuando llegase el momento. El ginecólogo sintió que necesitaba pasar por esta etapa, porque no se burló de mí cuando le expliqué mis motivos. Debo decir que no es frecuente que una mujer consulte a un ginecólogo y a un anestesiólogo cuando ni siquiera está encinta. Pero, como había que pasar por ahí...

El ginecólogo me recomendó que asistiera a la reunión introductoria a la maternidad que tendría lugar la semana siguiente. Ahí aprendí muchas cosas interesantes sobre el funcionamiento del servicio y los métodos que se utilizan, pero nada sobre el dolor del parto. La partera que llevaba esta reunión me aconsejó que asistiera al curso de preparación específico. Convencida de que corroborarían mi idea de que el bloqueo epidural elimina totalmente el dolor, quedé bastante desilusionada; la partera afirmó que el dolor existía tal cual, que variaba según las mujeres y que el bloqueo epidural podía, en efecto, atenuarlo, pero no suprimirlo por completo.

Cruel decepción. Sobre todo porque entre tanto quedé encinta. De hecho, estaba embarazada de dos meses y medio, pero como mi regla se había vuelto irregular desde que había dejado de tomar la píldora, no imaginé nada. ¡Estaba tan concentrada en mis investigaciones antidolor!

Tomada por sorpresa, decidí probar todas las fórmulas que me permitirían debilitar ese dolor al máximo, aunque hubiera que combinar varias contradiciendo el consejo de las parteras, quienes pensaban que "demasiados métodos matan el método".

Decidí empezar con el yoga, por pura coincidencia, simplemente porque era la única disciplina que ofrecían en la maternidad. Desde la primera sesión quedé seducida y ya no quise probar otros métodos.

Sufría un malestar tan fuerte en el muslo derecho desde el principio de mi embarazo que a menudo me obligaba a dejar de caminar, pero sentí como un desbloqueo en ese nivel después de algunos ejercicios que la maestra de yoga adaptó especialmente para mi caso. Ni el médico ni la kinesiterapeuta habían podido quitarme ese problema. También estaba estreñida y me sentía pesada porque el bebé me comprimía los órganos, bloqueando la circulación sanguínea, pero tras dos sesiones semanales de yoga el problema había desaparecido. De igual manera pude curar todas las pequeñas molestias que aparecieron a lo largo de mi embarazo. ¡Pero lo máximo es que pude trabajar con mi miedo al parto!

Por medio de los ejercicios físicos trabajé sobre la pelvis y tomé conciencia de los músculos que me serían útiles a la hora del alumbramiento. Gracias a la respiración adquirí la tran-

quilidad nerviosa y emocional que me hacían falta, y aprendí a concentrarme útil y positivamente en el momento presente, en lugar de fantasear sobre lo que sería mi parto con base en los comentarios negativos recogidos aquí y allá.

Después de todo, nadie puede saber de antemano cómo se desarrollará un parto, ni mi familia, ni los médicos, ni yo misma. Entonces, mientras espero la fecha prevista para este feliz acontecimiento –dentro de menos de cinco semanas–, respiro y me concentro.

Estoy consciente de que habrá dolor, pero trataré de dominarlo lo más posible y de ir hasta el máximo de mis capacidades. Si dudara, sé que puedo pedir el bloqueo. De todas maneras, la combinación del bloqueo epidural y el yoga sólo puede ser benéfica. Estoy bastante confiada y relajada.

Yoga

¿Cómo puede ayudar el yoga para que la futura mamá controle mejor su miedo al parto?

El miedo al parto, sobre todo en la mujer que espera a su primer bebé, suele estar ligado a dos factores:

- La falta de conocimiento de su propio cuerpo.
- Los pensamientos catastróficos, a menudo provocados por las historias de amigas o parientes.

En cuanto a la ignorancia del cuerpo, el yoga, por medio de ejercicios adaptados para la mujer encinta, brindará un mejor conocimiento de la anatomía. No de manera teórica, con dibujos, sino tomando conciencia de cada parte del cuerpo que cambia, que recibe al bebé y que va a participar en el nacimiento. Por ejemplo, la mujer aprenderá a "abrir la puerta", es decir, a preparar su perineo para el parto.

Al trabajar el diafragma será la respiración la que se movilizará y se hará consciente para facilitar la expulsión en el momento del nacimiento. Desde el principio del embarazo la futura mamá podrá sentir mejor lo que pasa en su vientre, cómo se desarrolla el bebé dentro de ella, cómo reacciona a la voz de sus padres y a la música… Es una verdadera comunicación la que se establecerá entre el futuro bebé y sus padres, pero más aún entre el bebé y su mamá.

El yoga prenatal permite rechazar los pensamientos catastróficos, gracias a que enseña a centrarse y a enraizarse; se pedirá a la futura mamá que esté en la realidad, en lo concreto y, por consiguiente, que viva la experiencia en lugar de fantasear con ella. Sabemos que cada nacimiento es diferente: ninguna mujer puede conocer de antemano el desarrollo de su parto, ya se trate del primer bebé o del quinto.

En lugar de dejarse atrapar por lo desconocido, con el riesgo de aumentar las dificultades, gracias al yoga prenatal las futuras mamás podrán estar activas en el momento del nacimiento y vivir este acontecimiento con el bebé, porque ambos tendrán un papel que jugar en ese momento.

Aun cuando el yoga sea en principio una práctica espiritual, no es una religión, por eso cualquier individuo puede practicarlo, al margen de sus creencias religiosas y su origen étnico.

Existen múltiples formas de yoga. Las más conocidas en Occidente son:

- **El hatha-yoga**, un verdadero método de desarrollo personal que ayuda a la salud y a la concentración mediante la revisión de los hábitos de vida y la adopción de ciertas posturas.
- **El yoga integral**, que se desarrolló en Estados Unidos durante la década de 1960. Este yoga –que no debe

confundirse con la práctica espiritual de Sri Aurobindo, que lleva el mismo nombre– propone una integración equilibrada de las posturas, de la respiración, de la meditación y de la relajación. Esta forma no tiene connotaciones religiosas.

- **El kundalini yoga**, que consiste en despertar la *kundalini*, la energía original curativa. Este yoga, más médico que el hatha-yoga, trabaja sobre la conciencia meditativa a través de un encadenamiento de posturas.
- **El viniyoga**, que se caracteriza por la integración del movimiento a la respiración, propone un aprendizaje personalizado que se adapta a cada individuo.
- Y, claro, **el yoga prenatal**, orientado especialmente hacia las necesidades específicas de la mujer embarazada. Los ejercicios posturales y respiratorios elegidos por el instructor aportan a las futuras madres una ayuda para trascender las dificultades relacionadas con el embarazo y facilitar las etapas del parto. Después del nacimiento, el yoga postnatal favorecerá el regreso al equilibrio corporal.

El punto común de todas estas versiones de yoga es la combinación de las posturas (*asanas*), los ejercicios respiratorios (*pranayama*) y la meditación, pero el conjunto será practicado de manera más o menos enérgica o suave, más o menos activa o reposada, según la línea que se haya elegido.

El yoga prenatal hace hincapié en:

- Los movimientos y los estiramientos sencillos y sin peligro, procurando afirmar y flexibilizar la musculatura requerida durante el embarazo y el parto.
- Los ejercicios de respiración para facilitar la relajación y la concentración.

- Las técnicas de relajación para aliviar las tensiones profundas y favorecer el bienestar de la mamá y del bebé. Es por medio de la relajación que la futura mamá y su bebé podrán "aprender a conocerse mejor".

El yoga no niega el dolor del parto: al contrario, hay que hablar de él. Lo primero es aceptarlo para luego trabajar las diferentes maneras de vivirlo. Es importante que en el momento del parto la mujer esté presente en su cuerpo y en su mente para acompañar al dolor en cada etapa. Al entrar activamente en el dolor uno puede respirar y actuar. Si no se está presente en el dolor uno deja que actúe el inconsciente y aquel se volverá insoportable.

Tomando en cuenta lo anterior, no se puede hablar del yoga prenatal como un método de parto sin dolor, pero al aceptar ser responsable de éste muchas mujeres no sienten la necesidad de utilizar el bloqueo epidural, ni otros apoyos externos; tranquilas física, mental y emocionalmente, viven el nacimiento en comunión con el dolor… y con el bebé.

Después del nacimiento, algunos profesores proponen el "yoga para mamá y bebé". Estos cursos se inscriben en la lógica del yoga prenatal. Son la ocasión para que la mamá recobre fuerza y flexibilidad, mediante una actividad que ya conoce, involucrando a la vez a su bebé en los movimientos tan seguido como sea posible. Cuando no "trabaja" con la mamá, el bebé permanece cerca de ella sobre una cobija, o disfruta un leve masaje destinado a relajarlo y a reforzar los lazos madre-hijo por medio del tacto.

La práctica de este yoga prenatal para mamá y bebé presenta numerosos beneficios, sobre todo una mejoría de la postura de la joven madre (aprender a moverse ya sin la panza), una disminución de las tensiones de la espalda (a la hora de cargar a la cría y lactarla), un mejor equilibrio nervioso (con reducción del estrés y de la fatiga) y sobre todo un refuerzo del lazo madre-hijo.

Estos cursos pueden tomarse a partir de las cuatro o seis semanas después del parto y la reeducación del postparto. En caso de cesárea, se recomienda empezar las clases de yoga postnatal después de ocho o diez semanas aproximadamente. Aun cuando no se exige que los bebés permanezcan inactivos, estos cursos no pueden extenderse más allá del momento en que empiecen a gatear, por razones evidentes de comodidad y concentración.

Debido a sus orígenes orientales, el yoga deja escépticos a muchos occidentales que piensan que se requiere cierta predisposición para practicarlo. Si bien existe una dimensión cultural innegable, la práctica del yoga puede aprenderse, sin importar que se haya nacido en la India o en Europa.

Otro argumento desarrollado por los escépticos es la falta de estudios científicos sobre los beneficios de esta disciplina. Sin embargo, diversos estudios internacionales señalan que ésta contribuye a la mejoría e incluso a la supresión de numerosos problemas, sobre todo en casos de artritis, asma, diversas dependencias, dificultades de desarrollo en los niños con retraso mental, problemas cardiacos, etcétera. Con todo, hay que precisar que la práctica regular del yoga provoca cambios de diversa índole, mejorando la salud en general. Además, el yoga no se presta al protocolo que rige la investigación científica, porque jamás se podrán obtener dos grupos de estudio: uno que realmente practique una hora al día y otro, placebo, ¡que haga un falso yoga una hora al día durante seis meses!

Susana.
¿Cómo puedo lidiar
con el futuro papá?

ABC

La historia de mi embarazo es un poco peculiar... o más bien debería decir "la historia de nuestro embarazo", porque ambos estuvimos embarazados: mi marido y yo, por así decirlo.

Nos conocimos ya grandes, porque Bruno tenía cuarenta y seis años y yo cuarenta y uno. Cinco semanas después de habernos enamorado a primera vista me instalé en su casa. La idea de un bebé ni siquiera la habíamos contemplado, debido a nuestras edades "avanzadas". Mi regla era irregular y pensaba que una mujer no estaba en riesgo de embarazarse durante la premenopausia.

Cuando me di cuenta de que esperaba un bebé, la idea de anunciárselo a Bruno me dio un poco de pánico; ¿cómo tomaría la noticia?, ¿qué iban a pensar nuestros amigos, nuestras familias, nuestras relaciones profesionales? Esperar al primer bebé casi a los cuarenta y dos años me parecía arriesgado y un poco irresponsable.

Después de un instante de estupefacción, a Bruno le encantó la idea de que fuéramos padres... ¡al diablo con las ideas preconcebidas y el juicio de los demás! De inmediato se comprometió en el embarazo. Primero decretó que yo debía dejar de fumar de inmediato para no hacerle daño al bebé y, para apoyarme, tiró su cajetilla de cigarros a la basura. Nunca volvió a fumar.

Me cubrió de cuidados cuando ni siquiera se me había abultado el vientre: se negaba a que cargara lo que fuera, a que cocinara, a que hiciera la limpieza. En la mañana, camino a la oficina, le daba por sopesar mi cartera para verificar que no estuviera demasiado pesada.

Faltaba, sin embargo, lo más chistoso. Todo empezó cuando aparecieron las náuseas matinales: a Bruno también le daban asco algunos olores. Si yo vomitaba al despertarme, él se sentía mal y con náuseas. Cuando yo engordaba, él engordaba también, como una calca de mi ritmo. Si mi libido se adormecía, él era muy comprensivo; de hecho, sus deseos no andaban por las nubes tampoco. Mis dolores de piernas y del bajo vientre parecían darle a él también.

El médico que me atendía escuchaba sonriendo las quejas de mi marido sobre "nuestros" dolores, "nuestras" náuseas, "nuestro" aumento de peso. Cuando el bebé se manifestaba con hipo o por medio de patadas, Bruno ponía tiernamente su mano sobre mi vientre para agradecerle por "invitarnos" a su vida cotidiana.

Este futuro papá, tan embarazado como yo, si no es que más, también divertía a las parteras: sabía todo acerca de la maternidad, había leído todos los libros que trataban sobre el tema, e incluso había determinado cuál sería el método de preparación y la posición de "nuestro" parto.

Ahora me río, pero he de confesar que en aquella época llegaba a resultarme molesto. Estaba tan involucrado en mi estado que necesitaba tomar la distancia necesaria para equilibrar un poco sus excesos. Además, he de haber parecido menos plena, menos involucrada de lo que debería. A veces aprovechaba algunos movimientos del bebé nada más para mí, me comunicaba con él sin intermediario. Nada más el bebé y su mamá.

Alrededor de nosotros, nuestras amistades, que en su mayoría tenían niños grandes, se divertían. Nunca habían presenciado tal entusiasmo y consideraban, por supuesto, que a Bruno se le pasaba la mano.

En fin, el caso es que se me hacía difícil imaginarme llegando al parto con un futuro papá en ese estado. Afortunadamente, un amigo que enseña programación neurolingüística decidió ocuparse de Bruno proponiéndole una iniciación en esa práctica. No sé cómo procedió, pero enseguida Bruno se volvió más tranquilo. Seguía interesándose por todos los hechos y gestos del futuro bebé, ¡pero al fin parecía estar menos "encinta"!

Al nacer Matías de todos modos encontró la manera de desmayarse, ¡agotado por la intensidad de "nuestras" contracciones y la duración de "nuestro" parto!

A pesar de todo, no me quejo, porque sé que pocas mujeres corren con la suerte de tener una pareja tan íntimamente involucrada en la maternidad. Basta escuchar a las mujeres que me rodean para comprender que los "nuevos padres", como los llaman, existen sobre todo en la literatura. Yo sé que Bruno será un padre ejemplar para Matías… ¡siempre y cuando no tarde demasiado en cortar el cordón umbilical que lo une a su hijo!

Programación neurolingüística

¿De qué manera puede ayudar la PNL al futuro papá?

Si hay algo que jamás podrán hacer los hombres, es dar a luz. La mayoría de ellos están plenamente conscientes de esa realidad y la asumen muy bien. Dado que el hombre es delicado por naturaleza –una gripita y ya es el fin del mundo–, hay que confesar que pocos estarían listos para probar la aventura si fuera humanamente posible hacerlo.

Son, pues, una minoría los hombres que consideran que es una lástima no poder sentir lo que siente la futura mamá. Así, cuando la mujer dice radiante: "pon la mano, que acaba de moverse", el hombre sólo puede imaginar la sensación que experimenta su compañera, pero nunca podrá vivirlo de manera sensorial.

Cuando esta frustración se vuelve obsesión, sucede que el futuro papá se involucra al grado de vivir los sucesos del embarazo como si se llevaran a cabo dentro de su cuerpo: las náuseas, los vómitos, el cambio de hábitos alimenticios y el aumento de peso se convierten en su pan de cada día. Si bien muchas futuras mamás se sienten halagadas por el interés y la participación de su pareja, puede ocurrir que éste exagere tanto que acaben sintiéndose desposeídas de su embarazo.

A pesar del buen humor del que hace gala, Susana resintió este exceso de involucramiento, al grado de tener que "aislarse" para poder disfrutar de su bebé. Es probable que Bruno haya sido el primero en asombrarse de esta situación, puesto que el asunto del bebé nunca se le había ocurrido y sus respectivas edades tendían más bien a llevarlos hacia una relación de dos y no de tres. La llegada del bebé sin duda despertó una necesidad de protección, de amor y de ternura a la que no pudo resistirse, incluso sobreprotegiendo a la futura mamá y al bebé.

La programación neurolingüística (PNL) no busca las razones de esta actitud excesiva; este método trata, al contrario, a quienes desean obtener resultados rápidos frente a un problema específico, lo cual resultó perfecto para Bruno. Gracias a diversos ejercicios, visualizaciones y escenificaciones, el terapeuta ayuda al paciente a cambiar su comportamiento e intervenir en sus capacidades, sus creencias y su identidad profunda. En general, se requiere un máximo de entre 2 y 10 sesiones.

La PNL suele utilizarse para la optimización del desempeño en el medio deportivo y comercial, así como en las relaciones humanas, pero comienza también a encontrar un lugar entre las psicoterapias. En Estados Unidos, donde nació bajo la inspiración de Richard Bandler y John Grinder, esta disciplina ha tenido una gran aceptación desde hace mucho tiempo, sobre todo porque numerosos estudios demostraron su eficacia en diversos terrenos, como el tratamiento de las fobias y de la ansiedad, la timidez, las compulsiones, el insomnio.

Desde mediados de la década de 1970, John Grinder (lingüista) y Richard Bandler (informático), ambos doctores en psicología, analizaron y se apropiaron de los métodos de los mejores comunicadores o terapeutas (M. Erickson, F. Perls, entre otros). A partir de los resultados, la PNL se propone poner a disposición de cada quien este secreto particular, esta "excelencia humana", con el propósito de permitir al mayor número de personas reproducir sus comportamientos y obtener los mismos resultados.

Para lograrlo, Richard Bandler y John Grinder desarrollaron medios muy elaborados a fin de comprender la manera en que funciona la persona "modelo". Esta "modelización" de la persona no se asemeja a un condicionamiento sino a un fenómeno de cambios o evoluciones de acuerdo con los deseos reales del paciente y adaptando los ejercicios a su experiencia sensorial.

¿Cómo se lleva a cabo una sesión de PNL en la práctica? Ésta se desarrolla en varias etapas:

- Primero, el terapeuta tratará de obtener claridad sobre la situación presente del individuo que lo consulta, procurando comprender cómo dicha persona creó su problema. A partir de la primera pregunta, "¿qué sucede?", el terapeuta centrará esencialmente su interés en el presente y en la vivencia del paciente. Una investigación profunda constituye esta primera fase de la consulta, con preguntas sobre el contexto ("¿dónde?"), el entorno ("¿con quién?, ¿hay otras personas involucradas?"), la situación precisa ("¿qué?, ¿cuándo?"), el fundamento ("¿por qué lo considera un problema?"), las creencias y/o valores transgredidos ("¿por qué?"), el proceso puesto en práctica ("¿qué hace usted al respecto?").

- Desde el principio de la sesión el terapeuta se interesará particularmente en el lenguaje no verbal del sujeto. Es frecuente que una persona exprese físicamente un desacuerdo con lo que dice. El terapeuta prestará atención particular a los "niveles lógicos": deberá, en efecto, esforzarse por comprender en qué nivel se sitúa verdaderamente el problema, con el propósito de aportar un cambio en un nivel superior. Así, profundizará en ciertas partes, integrando nuevas preguntas sobre el entorno ("¿dónde?, ¿cuándo?, ¿con quién?"), los comportamientos ("¿qué hace usted cuando...?"), las capacidades puestas en marcha ("¿cómo hace usted para...?"), los valores y las creencias personales ("¿en qué sentido es importante?"), la identidad ("¿es compatible con lo que usted es realmente?").

- Luego el terapeuta ayudará al sujeto a definir sus objetivos, verificando qué tan factibles son y el contexto de la meta buscada ("¿qué le impide...?, ¿qué necesita?"), así como las consecuencias que podría aportar el cambio deseado. La determinación de un objetivo será formulada por el paciente mismo a partir de la pregunta "¿qué quiere usted?". Esta meta deberá responder a criterios precisos e indispensables: partirá de una formulación positiva ("quiero", en lugar de "ya no quiero"), sólo dependerá de sí mismo (y no de una tercera persona), y los resultados deberán ser observables y verificables ("¿cómo sabrá que ha alcanzado su objetivo?"). Este último punto es primordial porque aportará una definición clara y limitada del objetivo, ¡uno solo a la vez!

- Luego, el terapeuta preguntará acerca de las posibles ventajas e inconvenientes del objetivo ("¿la meta alcanzada tendrá inconvenientes para usted y/o para los demás?").
- Después interrogará al sujeto con el propósito de que ambos busquen las necesidades y los obstáculos que podría encontrar en el camino hacia el objetivo establecido.
- A partir de la información recabada, el terapeuta elegirá las técnicas y las herramientas para ayudar al sujeto a alcanzar su meta. La "estrategia" de intervención del terapeuta es totalmente personalizada. Entre las posibilidades de las que dispone mencionaremos: el anclaje de los recursos, la visualización y el aprendizaje de un comportamiento nuevo, y el trabajo sobre el cambio de las creencias.
- Luego viene el momento de la prueba de las consecuencias de la intervención y del resultado obtenido. Esta prueba consiste en pedir al sujeto que se imagine en la situación de dificultad y que aplique las herramientas utilizadas; si la respuesta es negativa aplicará otra técnica, hasta encontrar la efectiva.

¿Por qué Richard Bandler y John Grinder escogieron el nombre tan extraño e impronunciable de "programación neurolingüística"? Porque la programación hace referencia a nuestra educación y a nuestras experiencias pasadas: somos, en efecto, "programados" para reproducir comportamientos, hábitos, automatismos. El término *neurolingüística* nos recuerda que los automatismos, "ensamblados" en nuestro cerebro, se manifiestan a través de nuestro lenguaje verbal y no verbal. A esta definición Richard Bandler agrega con humor: "¡Un nombre tan complicado sin duda hará que la gente tenga ganas de venir a vernos para saber más!"

Verónica.
¿Cómo puedo
manejar mi decepción?

Como madre de un pequeño niño, Darío, fue un gusto saber que estaba nuevamente encinta once meses después. Aquel segundo embarazo prometía ser más agradable que el primero, porque lo vivía sin estrés. En efecto, la segunda vez, la mujer encinta ya sabe qué le espera. Empezaba, pues, el segundo trimestre con la cabeza y el corazón ligeros, pero el resto no... ¡había subido siete kilos! Esto, sin embargo, no me inquietaba, porque había engordado mucho al principio de mi primer embarazo y luego mi peso se había estabilizado un poco.

Mi primer parto no fue un lecho de rosas, pero cuando la obstetra colocó a mi hijo sobre mi vientre ya había olvidado los malos instantes, y estaba lista para consagrarme plenamente al momento presente y al gozo de contemplar a mi hijo.

Entonces, este segundo embarazo se desarrollaba armoniosamente.

Estaba tan convencida de que la naturaleza me sería favorable que en el momento del ultrasonido sufrí una conmoción al saber que esperaba un niño. Todas mis amigas tenían parejitas niño-niña, y yo estaba segura de que sería lo mismo conmigo.

Pienso que mucho tuvo que ver el cambio hormonal, pero la noticia cobró proporciones que nunca hubiese imaginado. Mi decepción fue tal que me estaba atormentando. Hablé con mi ginecóloga, quien, por supuesto, me sermoneó: la medicina podía mucho, pero no había que exagerar. Para ella, esos métodos que circulan por ahí para que tengas un niño o una niña eran pura y simplemente charlatanerías. Sí, pero yo quería, a como diera lugar, una niña.

Para convencerme de que el ultrasonido estaba equivocado seguí comprando ropita para niña. Ni siquiera artículos aptos para ambos sexos, sino vestidos, cosas rosas, violetas.

Marcos, mi compañero, no sabía cómo reaccionar. Si bien al comienzo trataba de hacerme entrar en razón, rápidamente se cansó porque... no podía hacer nada. Se quejó con su hermana, Bertha, quien es también mi mejor amiga. Ella trató de hacerme razonar, pero nada; yo seguía convencida de que dentro de mi vientre crecía una niña, una pequeña Luisa o una Amelia. Sin embargo, el margen de error del ultrasonido era mínimo porque, al igual que con Darío, habíamos percibido perfectamente el órgano en cuestión. Al ver que su exasperación no servía de nada, y viéndome tan desesperada, Bertha me recomendó que fuera a ver a un especialista, contra la opinión de mi ginecóloga.

Y allí tuve una nueva decepción: la dieta especial se practica durante los dos meses anteriores a la concepción, después de los cuales el sexo del bebé queda definitivamente determinado. ¿Me había servido de lección? ¡Para nada! Las semanas pasaban y me dije que no venía al caso que me hicieran el tercer ultrasonido. Sólo sería un gasto de más. Seguí, pues, tocando mi vientre y hablándole a mi bebé niña; seguí comprando vestidos; seguí negándome a ver la verdad de frente.

Luego, durante una visita de rutina con la partera, rompí en llanto cuando me dijo: "¡Su pequeño hombrecito se porta de maravilla!". Ya no podía más de tanto mentirme a mí misma. Le conté toda la historia. Fue agradable poder hablar con alguien de fuera. Ella fue adorable, no me criticó ni se burló. Salí de su consultorio con los datos de una terapeuta que atendía regularmente en la maternidad y que, según la partera, trabajaba con una combinación de terapias interesantes.

Sin averiguar más ni decirle a nadie pedí una cita con esa persona. A primera vista no sentí química alguna con ella, y estuve segura de que no podría ayudarme. Pero detrás de su apariencia estricta se escondía una mujer cálida y comprensiva. Desde que le empecé a contar mi historia me quitó el sentimiento de culpa. Insistió en la importancia del papel de las hormonas, que hacían que mi percepción fuese más delicada y que exacerbaban mi sensibilidad. Luego me explicó que las proporciones que tomaba mi decepción tenían sin duda un fundamento más profundo, una razón implícita.

A lo largo de las sesiones aprendí a visualizar el futuro, a proyectarme hacia un mañana positivo y feliz en el que mi bebé era un pequeño niño adorable, lleno de energía y amor. Descubrí que mi deseo de tener una niña provenía de la infancia: tenía deseos de cuidar, vestir y desvestir a una niñita, como lo hacía de niña con mis muñecas. Es verdad que envidiaba a mis amigas que podían acicalar a sus hijas como cuando uno juega a las muñecas. Con un niño es diferente. ¡Pero a los veintiséis años ya era tiempo de que yo madurara un poco!

Vivía las sesiones como un paseo por el interior de mi cuerpo y de mi mente, que conducía hacia un encuentro conmigo misma y con mi bebé. Laura, la terapeuta, me explicó que ella utilizaba diversas técnicas, mezclando la sofrología, la haptonomía y la relajación. Ella llamaba a este método simplemente "visualización positiva". Y así exactamente vivía yo las sesiones: un estado de relajación absoluta, un contacto cálido con mi bebé y una construcción positiva de nuestra relación.

Durante las últimas sesiones invité a Marcos a que me acompañara. Laura había insistido en que esas sesiones serían benéficas para él también porque hasta entonces había estado alejado de mi embarazo. Tenía, por consiguiente, necesidad de convertirse en el padre del bebé que yo portaba. Marcos estuvo encantado de poder involucrarse al fin en este segundo embarazo.

Cuando las primeras contracciones me despertaron, dos días antes de la fecha prevista para mi parto, yo estaba perfectamente relajada y serena. Había aceptado el hecho de que daría a luz a un niño. Además había hecho la compra frenética de ropita masculina después de haberle regalado los vestidos a una amiga que esperaba una niña. Pude haberlos guardado para otro embarazo, pero no quería mezclar las dos historias. Prefiero esperar y comprar lo que convenga cuando esté nuevamente encinta.

Mi segundo parto fue mucho más fácil que el primero. Tuve la impresión de que dominaba perfectamente las sensaciones de cada acto, de cada avance de mi bebé. Gracias a la respiración y a la concentración pude descubrir el significado real del término "soltar el control" que a menudo utilizaba Laura. Verdaderamente estaba en mi cuerpo y en mi cabeza.

Cuando la obstetra le pasó el bebé a la partera para que lo llevara al cunero, me negué porque cuando nació Darío había pasado la primera noche, alejado de mí y no me había caído bien la separación. Emocionada en vez de exhausta, no había cerrado el ojo en toda la noche pero no me había atrevido a recuperar a mi hijo. Cuando me lo trajeron al día siguiente, ya estaba bañado y alimentado. En esta ocasión me negué por completo; me sentía perfectamente capaz de ocuparme de mi bebé y quería darle pecho. Un poco resentida e irritada, la obstetra dijo algo entre dientes respecto de que no me fuera a quejar más tarde si no me dejaba dormir. En ese momento decidí que para mi próximo embarazo buscaría otra maternidad.

Efectivamente, no dormí mucho esa noche; mi pequeño reclamaba el pecho cada dos horas. Era doloroso pero soportable. Habiendo sentido el dolor de las contracciones, no me iba a quejar por tan poco. Pero por lo menos pude observar a mi hijo bajo todos los ángulos: su boca bien delineada, su pequeño mentón puntiagudo, sus deditos largos y finos... Esos instantes son de pura felicidad.

A diferencia de Darío, en cuyo nombre nos costó ponernos de acuerdo, Marcos naturalmente sugirió llamarlo David (amado por Dios), como su abuelo al que adoraba. Me pareció que ese nombre cuadraba perfectamente con la historia de nuestro segundo hijo.

David festejará pronto su séptimo mes. Marcos y yo decidimos aprovechar a nuestros dos diablitos antes de encargar a un tercero. Pero, la verdad, no me importa saber si será una niña u otro niño. Para Darío, quien comienza a pronunciar sus primeras frases verdaderas, no hay duda: será otro hermano porque "apretándose un poquito, caben tres" en su carro eléctrico nuevecito. Las niñas, según él, ¡no saben nada de autos!

Visualización positiva

¿Cómo puede ayudar la visualización positiva a manejar la decepción?

Desde todos los tiempos, las mujeres han procurado influir en la naturaleza para actuar sobre el sexo del bebé por nacer. En la Edad Media, por ejemplo, se recomendaba a las mujeres deseosas de tener una niña que comieran el útero de una coneja. Las que soñaban con tener un niño debían engullir los testículos de un conejo.

¡Las mujeres no eran las únicas en creer en las recetas mágicas! Desde la antigüedad hasta el siglo XVIII, aproximadamente, los científicos creían que los niños provenían del testículo derecho y las niñas del izquierdo, lo cual llevaba a las parejas a realizar acrobacias dignas del Kama Sutra para poder concebir un niño del sexo deseado. ¡En aquellos tiempos la importancia de engendrar un heredero era tal que algunos hombres no dudaban en dejar que se les practicara la ablación del testículo izquierdo! No fue sino hasta recientemente que esta idea de derecha e izquierda fue abolida, cuando los científicos demostraron que los animales a medio castrar seguían pariendo crías de ambos sexos.

La luna, por supuesto, inspiró a más de una pareja. Si se deseaba una niña, había que concebirla cuando hubiera luna llena, mientras que a los niños se les procreaba en las noches de luna creciente.

En nuestros días, los métodos más apreciados se basan en las posiciones y en la alimentación. Según estas teorías, la posición que se elige durante el acto sexual actuaría sobre el sexo del bebé, en función de la profundidad de la penetración. Otras afirman que hay que seguir una dieta especial para concebir a una niña o a un niño. Fue fácil para los "inventores" de estos métodos amasar una fortuna con dichas apuestas, pues, en efecto, su margen de error es mínimo, dado que la suerte estará de su lado una vez de cada dos. Y los padres, frente a un bebé del sexo opuesto, pero con buena salud, harían mal en quejarse.

Por otro lado, si la receta para concebir una niña requiere que se consuma más calcio y magnesio y menos potasio y sodio, lo cual es bastante sano para el organismo, habría que desconfiar de la receta para engendrar niños, que obliga a la mujer a disminuir su consumo de calcio y de magnesio.

Dado que ninguna de dichas recetas ha sido científicamente comprobada ni aprobada, habrá que mantenerse alerta y no exponerse a riesgos innecesarios. En cambio, usted no arriesga nada intentando el método de las posiciones... a no ser la fatiga sexual.

Respecto del método utilizado por la terapeuta de Verónica, su interés reside en la asociación de varios métodos que han pasado la prueba:

• La sofrología, fundada por Alfonso Caycedo, debe su nombre a los términos griegos *sos* (armonía) y *phren* (mente). La sofrología se define como un método de investigación y armonización por medio de estados modificados de la conciencia, que permiten revelar y trascender bloqueos y tensiones con el propósito de desarrollar los potenciales ocultos y favorecer el equilibrio entre el cuerpo y la mente. Este método procura la serenidad y el equilibrio mental. Al volverse hacia el interior de sí misma, la futura mamá puede ponerse a la escucha de su bebé; al ir a su encuentro, se habitúa a su presencia y a visualizar el momento presente, pero también el futuro. En ese estado de relajación profunda es posible elaborar una actitud constructiva. El aprendizaje de este tipo de relajación enseña a "soltar el control", a condición de ser asiduo, porque no se trata de un método milagroso: exige práctica por parte de la paciente y experiencia por parte del sofrólogo.

Las sesiones de sofrología se llevan a cabo en tres etapas:

- Primero, la paciente y el sofrólogo hablan de la problemática y acuerdan un ejercicio apropiado.
- Luego el sofrólogo utiliza propuestas verbales para conducir a la paciente hacia un estado modificado de conciencia, llamado "estado sofrónico" (que corresponde al estado en el que uno se encuentra justo antes de quedarse dormido). En esa etapa, el terapeuta propone una activación, es decir, un trabajo mental adaptado al caso de la paciente, que se definirá mediante la visualización de un objetivo preciso, la concepción de afirmaciones positivas o una exploración de su interior.
- Luego se invita a la paciente a salir de ese estado de relajación profunda mediante el proceso de "desofronización". De allí sigue una plática con el terapeuta,

durante la cual la paciente verbaliza las sensaciones que tuvo a lo largo de la sesión.

• La haptonomía, creada por Frans Veldman, permite una comunicación precoz con el bebé por medio de un tacto particular llamado "psicotáctil". Suave y respetuoso de la pequeña persona que es el feto, el contacto haptonómico aporta un sentimiento de seguridad que, después de su nacimiento, se traducirá en un gran equilibrio emocional. La madre desarrolla una relación de mejor calidad con el feto y el padre puede entrar en la relación que se crea entre ambos. Las sesiones siempre son individuales porque deben favorecer la relación triangular madre-bebé-padre. El terapeuta debe saber ser discreto y permitir que los padres experimenten con los diversos modos de establecer contacto con el niño por nacer, a su propio ritmo, con el propósito de que luego puedan practicar los ejercicios en casa.

Si la haptonomía parece evidentemente benéfica para el papá, la sofrología también lo es. Estos dos métodos van a prepararlo para la paternidad o, como en el caso de Verónica y Marcos, a favorecer la comunicación cuando ésta ha estado ausente o ha sido de mala calidad. Aunque se trataba de un segundo embarazo, Marcos no había sido solicitado y, gracias a la visualización positiva, pudo ir al encuentro de su bebé antes de su nacimiento. Esto es primordial para el equilibrio de los tres personajes.

Recordemos que estos métodos pueden seguirse antes, durante y después del nacimiento. La mamá ganará serenidad, evitando así caer en la depresión postparto. Claro está que el tacto y los objetivos de las visualizaciones serán distintos, pero no cabe duda de su utilidad.

Aurora.
¿Es razonable dar a luz en casa?

Hace cuatro años, un año apenas después de nuestra boda, Jerónimo y yo decidimos instalarnos en el campo. Trabajamos juntos: yo escribo historias para niños y Jerónimo las ilustra. Dado que nuestro trabajo nos permite evitar el estrés y la contaminación de las grandes ciudades, pensamos que sería más agradable vivir y educar a nuestros hijos entre campos y árboles. ¡Después de haber vivido siempre en un medio urbano, es realmente un gozo despertar con el piar de los pájaros y el perfume de la esencia de los árboles!

Al embarazarme, no cambié en nada mis hábitos. ¿Será tal vez que simplemente sentí más placer por escribir? Era como si lo hiciera para mi propio hijo. Vivía mi embarazo de manera natural, día a día. Como siempre lo hice en el terreno laboral, ignoré los aspectos administrativos: llenar los formularios, hacerme los exámenes médicos mensuales... Confieso que este aspecto del embarazo me daba flojera, y decidí voluntariamente hacer lo mínimo. Además, pasábamos por una etapa de trabajo intenso; teníamos varios pedidos de obras con los cuales lidiar, y me contentaba con estar "gorda".

Ignoraba una cosa: que había que reservar lugar en una maternidad desde el inicio del embarazo. Yo pensaba, como sucede en las películas, que bastaba con llegar, encinta hasta el cuello y lista para dar a luz, en un taxi o en una ambulancia con la sirena a todo lo que da para que las puertas de la maternidad se abrieran y la recibieran a una. El ginecobstetra que me auscultó hacia el sexto mes de mi embarazo terminó de inmediato con mis esperanzas. ¡La realidad es muy distinta de las películas! Yo no estaba en un programa de televisión, sino sobre la mesa de exploración del médico, que no pudo evitar gritarme que era una inconsciente, irresponsable y pueril. Nada mal para un primer contacto.

Yo lloraba y Jerónimo se asustó cuando me vio salir del consultorio. El médico se había negado a que mi marido me acompañara durante el examen y, claro, se imaginó que algo terrible le había sucedido al bebé. Lloraba tanto que tardé varios minutos en poder recobrar el habla.

Cuando pude explicarle de lo que se trataba, decidimos que daría a luz donde fuera, menos en esa maternidad. El problema es que era el único hospital cercano a nuestro hogar.

De regreso a casa, hablamos largo rato sobre las posibilidades que teníamos. No tardamos mucho, pues no teníamos otra alternativa que el parto a domicilio. Yo sabía que esta práctica es normal en muchos sitios, pero tenía mis reservas. Entonces llamé a mi tía, quien dio a luz a sus dos hijos en casa. Ella me explicó cómo se llevaba a cabo y me aconsejó que encontrara a una partera que aceptara acompañarnos en esta aventura. Pues era realmente una aventura, si tomamos en cuenta la información que pude obtener en internet sobre esa práctica. Mi tía me tranquilizó diciendo que si no encontrábamos a alguien que nos gustara, en última instancia ella podría recibirme en su casa... en otro país.

Con una lista de números de teléfono hallados en internet, partimos a la búsqueda de una partera. Desde el primer contacto, en su consultorio, Sofía me pareció simpática y amigable. Ella pidió ver los resultados de mis exámenes médicos. Como nos explicó, no se ocuparía de mí si el embarazo presentaba el más mínimo riesgo. Una vez tranquila porque no esperaba gemelos y mi embarazo se desarrollaba normalmente, se interesó en nuestros deseos y expectativas en materia de maternidad y parto: ¿qué medicinas y medicamentos utilizaba para aliviar mis malestares? ¿Qué método de parto quería aprender? ¿Pensaba darle pecho a mi bebé o biberón? Hablamos largamente y luego procedió a hacerme el primer examen ginecológico. Dijo que todo iba bien, con lo cual dedujimos que aceptaría recibir al bebé en nuestra casa. Pero ella se negó a aceptar antes de ver nuestro hogar.

Dos días después, la recibíamos en casa: este trámite le permitía verificar si nuestro domicilio era fácilmente accesible por medio de la carretera, y si reunía las condiciones necesarias para recibir al bebé con toda seguridad. Pasamos el examen con éxito.

Sofía volvió a nuestra casa dos veces al mes. Cada vez me auscultaba, luego me daba valiosos consejos sobre mi alimentación, el material de puericultura que había que comprar, nuestras sensaciones, nuestras preguntas. Antes de finalizar el séptimo mes insistió en que fuéramos a ver a un médico que conocía, en caso de que hubiese complicaciones imprevistas que requirieran que se me trasfiriera a una instalación médica. También se me hizo un ultrasonido para asegurarnos de que todo iba bien. Estábamos confiados y relajados.

Hacia el final del octavo mes sentí fuertes dolores. Llamé a Sofía, quien me interrogó sobre la frecuencia. Como eran irregulares y no se me había roto la fuente, me recomendó que me relajara en una tina de agua tibia mientras ella llegaba. En el agua me sentí divinamente relajada. Soportaba mejor el dolor de las contracciones.

Cuando llegó Sofía –veintiocho minutos después, según Jerónimo–, acababa de rompérseme la fuente. Como yo no deseaba dar a luz en el agua, Jerónimo y Sofía me instalaron en una *"cama de nacimiento"*, *utilizando nuestro colchón, una protección de plástico y una montaña de sábanas. Pero yo no soportaba estar acostada; tenía la impresión de que aquella postura hacía que las contracciones fueran más dolorosas. Di vueltas a lo largo y a lo ancho de la sala a grandes zancadas.*

Luego, como sentía al bebé bastante abajo en el vientre, apoyándose en el perineo, decidí que era hora de volver a mi colchón. Allí cambié de posición una cantidad increíble de veces. Sofía era discreta, pero estaba presente a la vez. Su presencia era tranquilizante. Me masajeaba la espalda mientras Jerónimo me sostenía en mi búsqueda de posiciones adecuadas. Lejos, muy lejos, acabé por oír una música que me era familiar: Jerónimo había pensado en poner un CD de U2. Quién sabe por qué ese grupo siempre ha logrado estimularme cuando me falta energía o inspiración. Si no hubiese estado en cuatro patas, concentrándome en mi respiración, habría besado a mi marido.

Una contracción violenta me deja sin voz. Siento que el bebé empuja. Jerónimo me ayuda a ponerme en cuclillas. Sofía me pide que puje… Ella está en cuclillas a mis pies. Toma al bebé y lo posa delicadamente sobre mi vientre. Éste busca mi seno con un vigor increíble. Sofía lo cubre con una cobija de algodón para que no le dé frío. Mientras yo admiro a mi bebé no puedo evitar contar los dedos de sus manos y de sus pies. Luego Sofía le da los primeros cuidados. Unos instantes más tarde, mientras Jerónimo mima a nuestro bebé, Sofía me examina. ¡A la hora del baño nos damos cuenta de que ni siquiera habíamos visto si el bebé es niño o niña!

Así es. En menos de cinco horas y algunos pujidos di a luz un magnífico bebé de cincuenta y dos centímetros y tres kilos seiscientos gramos. Un hombrecito de pelo abundante que se llama Matías. Sofía permaneció cerca de nosotros durante varias horas, siempre discreta, pero llenándonos de su presencia tranquilizante.

El hecho de revivir este suceso por medio del testimonio me recuerda que nunca agradecí verdaderamente a Sofía. Gracias a ella pudimos vivir el nacimiento de nuestro hijo en plena intimidad y en el calor del hogar. Espero que no me reproche mi reconocimiento tan tardío. De hecho, pensaba llamarla pronto, dado que estoy nuevamente encinta y tengo la intención de solicitar una vez más sus servicios.

Preparación con una partera

¿Cuál es el seguimiento que propone la partera en el marco de un parto en casa?

La partera puede tener un lugar importante en el embarazo de una mujer: ella conduce las sesiones de preparación al parto, se ocupa del seguimiento mensual del embarazo, responde a todas las preguntas, hasta las más incómodas, que no nos atreveríamos a preguntar a un ginecólogo. En el caso del parto en casa, la partera juega un papel aún más importante.

En muchos lugares el parto a domicilio es considerado por algunas mujeres como una práctica medieval, y como un peligro por algunos médicos. Por lo tanto, las pocas mujeres (menos del 2%) que dan a luz en su hogar lo hacen porque así lo eligen. Es una elección pensada, que se explica por la voluntad de los padres de ser los actores principales de este acontecimiento, que se lleva a cabo en un ambiente seguro y cálido. En cuanto a la seguridad, recordemos que los numerosos estudios realizados al respecto demuestran que el parto en casa, cuando está bien preparado, no presenta más riesgo que uno realizado dentro de una infraestructura médica. Parece, incluso, que los actos médicos se evitan lo más posible, lo cual disminuye considerablemente el riesgo de complicaciones.

El ejemplo de los Países Bajos, donde el 30% de las mujeres paren en su casa, demuestra que la política de prevención es esencial. Así, sólo se aceptan los embarazos que no presentan riesgo alguno. Los embarazos múltiples (de gemelos, por ejemplo), los bebés que vienen sentados, las futuras mamás en mal estado de salud, no pueden beneficiarse del parto a domicilio. En el caso de que alguna contraindicación médica surja durante el embarazo (hipertensión, retraso en el crecimiento intrauterino, preclampsia, placenta previa, etcétera), la futura mamá será dirigida hacia un establecimiento médico. En el transcurso del parto, otras condiciones pueden justificar la transferencia a un centro médico. Finalmente, no olvidemos que el nacimiento en casa debe ser vigilado por un profesional experimentado (una partera o un ginecobstetra).

La partera estará a cargo del acompañamiento durante el embarazo, el parto a domicilio, así como de las visitas y exámenes postnatales. El seguimiento médico implica:

- Una visita mensual (y con más frecuencia hacia el final del embarazo).
- Un ultrasonido al principio y al final del embarazo para asegurarse de que todo va bien.
- La obligación de los padres de elegir a un médico o una infraestructura médica en el caso de que se requiriera un traslado.
- La visita al domicilio por parte de la partera.
- La preparación del material necesario para recibir al bebé.
- Después del nacimiento, la partera da los primeros cuidados al bebé y a la madre.
- Una visita diaria de por lo menos una hora, para verificar la buena salud de la mamá y del bebé, en el marco

de consultas postnatales. Un médico deberá ver al bebé durante su primera semana.

Si los motivos de los padres son fácilmente comprensibles, ¿cuáles pueden ser los de los profesionales médicos que optaron por seguir este camino? Numerosos principios e ideas oponen a quienes practican los partos en los establecimientos médicos y los que practican el parto en casa. Sobre todo:

• Los procesos médicos que, según los profesionales de la salud a domicilio, no se justifican: el afeitado sistemático, las inducciones no ligadas a un problema médico (inducciones llamadas "de comodidad"; para el personal médico, ¡obviamente!), las episiotomías demasiado frecuentes (hay quienes argumentan que un rasgado natural es menos traumatizante que un corte quirúrgico), la perfusión intravenosa y la inyección de ocitocina sistemáticas, la ruptura artificial de la fuente sin justificación médica, el corte precipitado del cordón umbilical, las aspiraciones gástricas y bronquiales (cuya utilidad fue cuestionada a tal grado que se hicieron recomendaciones a los médicos de no aspiración, pero en los medios hospitalarios continúan practicando estos actos sistemáticamente, muchas veces por simple inercia), y la separación madre/bebé para iniciar los exámenes de rutina (exámenes que se pueden hacer sin precipitación, después de haber dado tiempo a los padres de descubrir a su bebé).

Por otra parte, quienes estén tentadas por el parto a domicilio deben ser conscientes de que existen muy pocas parteras con capacidad real para llevarlo a cabo.

Sonia.
¿Puede "adueñarse" una mujer
de su maternidad?

Nunca me he entendido verdaderamente con mi madre, pero la situación empeoró cuando su nuevo novio se instaló en la casa. Ella nunca vivía mucho tiempo con sus novios. Mi hermano, mis tres hermanas y yo venimos de padres distintos, con los que mi madre no conserva ningún contacto. De hecho, ella los escogía jóvenes, bellos y totalmente inmaduros, a veces en el límite de lo que es aceptable: alcohólicos, drogadictos... ¡no le tenía miedo a nada!

Hasta la fecha yo había tomado eso con filosofía: mientras no se inmiscuyeran en nuestra vida, ningún problema. Pero con Alejandro fue diferente. Mi madre tenía más de cuarenta años y él diecinueve, y parecía que se quería incrustar. Daba vueltas en torno de mí y el ambiente se volvió rápidamente insoportable. Mi madre no veía nada, o no quería ver nada.

A los dieciséis años ya no aguantaba vivir con mi madre. Siempre me las tenía que arreglar para no estar sola con Alejandro en el departamento. Como yo no respondía a sus avances, empezó a buscarme defectos. Mi madre, con la idea de deshacerse de una adolescente que dañaba su imagen de mujer seductora y joven, me exigió que dejara el colegio y buscara trabajo.

Como mi búsqueda no avanzaba lo suficientemente rápido de acuerdo con su gusto, me encontró un empleo como aprendiz de ventas en la carnicería del barrio. Unos meses antes de cumplir los diecisiete años abandoné la escuela y a mis amigas; no valía la pena engañarme: pronto nos dimos cuenta de que no teníamos los mismos intereses.

Yo ya conocía a Hugo de vista, porque vivía en el mismo complejo de edificios que yo desde siempre, pero no frecuentábamos a las mismas personas; él era cuatro años mayor y ya iba a discotecas, trabajaba y tenía su propio departamento. Entonces, con mi nueva vida activa, nos cruzábamos seguido en el camino al trabajo. Empezamos por sonreírnos, luego a hablarnos. Y allí, por primera vez, sentí amor por un muchacho. Sin pensarlo siquiera dejé a mi familia y me instalé con él.

Doce años más tarde seguíamos juntos, en un departamento nuevo y con un trabajo más interesante. Definitivamente corté las amarras con mi madre el día en que me instalé con Hugo, y él no veía a sus padres desde esa misma época, porque no aprobaban su elección. Hugo y yo vivíamos, por consiguiente, como dos treintañeros felices y despreocupados.

Nunca hablamos de la idea de tener un hijo. En nuestra cabeza todavía éramos demasiado jóvenes para pensar en eso. Sólo que en los últimos años yo había cambiado mucho de píldora. Llegó la micropíldora, que uno toma todo el tiempo, sin descanso, y no llevaba muy bien la cuenta. Por lo tanto, quedé encinta. Hugo hizo como que no quería saber nada, lo cual significaba que no quería que tuviéramos al bebé. Pero yo, contrariamente a mis convicciones, empecé a desear al niño.

De hecho, desde los primeros instantes adoré estar encinta. Yo evolucionaba al ritmo de mi bebé. Desaceleraba mi vida y me sentaba de maravilla. Prefería quedarme tranquilamente en casa en lugar de ir a la disco; me gustaba ir a las tiendas en búsqueda de ropa atractiva para mujeres embarazadas; reparaba los muebles y adornos para el cuarto del bebé. De hecho, la preparación de ese cuarto planteó un problema: no teníamos más que una recámara. Para mí, era normal que instaláramos al bebé en ella y que durmiéramos sobre el sofá de la sala. Hugo no veía con buenos ojos estos cambios en nuestros hábitos de vida.

Aunque Hugo haya estado totalmente al margen, nunca pudo hacer que me arrepintiera de mi decisión de conservar al bebé. Incluso había llegado a decirme a mí misma que si él no lograba hacerse a la idea de ser padre, no dudaría en separarme. Después de todo, no habíamos planeado aquel bebé, pero ahí estaba y era tiempo de que lo asumiéramos.

Yo ya lo amaba tanto que sabía que nunca cometería los mismos errores que mis padres. Llegué a esperar con impaciencia sus ataques de hipo al anochecer.

Luego, la mañana del 5 de julio me vinieron unas contracciones violentas. Eran más de las cinco de la mañana y Hugo tardaba en levantarse. Ante mi angustia de no llegar a tiempo al hospital empezó a activarse.

En la maternidad, cuando la partera constató que se me había roto la fuente, me pusieron un monitor y el bloqueo epidural, y luego me dejaron sola en el cuarto, conectada al personal médico nada más por medio de una cámara. La anestesia fue tan fuerte que me dormí.

Duermo aún cuando inicia el parto. Me piden que puje... pero no puedo. De hecho, la dosis del bloqueo epidural era tan fuerte que ya no sentía nada. El partero le propuso a Hugo, quien esperaba tranquilamente en el corredor desde que llegamos, que viniera conmigo, pero yo me negué. No soportaría sus miradas recriminadoras.

Después de una decena de horas acabé por dar a luz a la pequeña Ana, sin gritos, sin lágrimas y sin dolor. Estoy feliz, trato de sonreírle a mi hija pero me cuesta mucho trabajo mantener los párpados abiertos. Sin consultarme, el obstetra toma a Ana y se la confía a una puericultora, quien la deja en los

*cuneros durante la noche para permitir que las dos nos recupe-
remos, me explican.*

Yo quería darle pecho a mi niña desde el nacimiento, quería
decirle lo feliz que estaba de que estuviera allí… ¡y no logro dormir!

Al día siguiente, por fin puedo tener a Ana en mis brazos, y
darle pecho. Claro, en vista de cómo empezamos, la lactancia se
establece con dificultad. Pero todo acaba por arreglarse y apro-
vecho lo más que puedo a mi niña gracias a mi incapacidad
por maternidad.

¡Hugo se transformó al ver a su niña! Literalmente se enamoró de ella. Hay que decir que es una beba adorable. Llora
un poco en la noche, como todos los bebés, pero su papá encontró el modo de calmarla: la coloca sobre su antebrazo y con la
otra mano le masajea suavemente la espalda. Lo vio en un programa de televisión y está orgulloso de ser el único capaz de
tranquilizarla. Si decidiera tener otro bebé, sé que Hugo consen-
tiría de inmediato.

Aun cuando envié tarjetas de nacimiento, mi madre no se
apareció. Mi hermano y mis hermanas vinieron a ver a Ana al
hospital y desde entonces nos vemos seguido. Los padres de
Hugo acabaron por comprender que la relación entre su hijo y
yo es un asunto serio. ¡Ya era hora! Están locos con su nieta:
cualquier ocasión es buena para consentirla. Pienso que esperan reivindicarse con mi hija. No les tengo rencor. Tampoco le
tengo rencor a mi madre. Es una página de mi vida a la que ya
le di vuelta. Mi familia, de ahora en adelante, son Hugo y Ana.

Todas mis amigas han guardado un recuerdo inolvidable
del nacimiento de sus hijos, aun si los peores momentos echan
un poco a perder los mejores. En cambio, a mí el parto "me pasó
de noche". Entonces todo el mundo me envidia.

Los meses pasan apaciblemente; Ana es una bebé adorable,
pero a menudo repaso con nostalgia mi embarazo. Me gustaba
poner la mano sobre mi vientre y esperar a que mi niña vinie-
se a acurrucarse allí, hablarle sin saber realmente si me com-

*prendía, soñar con la forma de su rostro, el color de su cabello…
¡hasta extraño sus patadas! Esta parte de misterio desaparece
con el parto. Mucho tiempo después de dar a luz aún me pasa
que instintivamente me toco el vientre con un gesto de mujer
embarazada. Claro, cuando el hijo está, es otra aventura que
inicia y los placeres son igual de intensos.*

*Una noche me desperté con dolores atroces de bajo vientre:
echo una ojeada a la cuna de Ana, quien duerme apaciblemente, y me levanto con dificultad para buscar una pastilla. El
monitor del reloj del baño me llama la atención: 5 de julio,
cinco veintiocho. Un año antes, a la misma hora, sentía las primeras contracciones que precedían el nacimiento de mi hija.
¡Qué extraña coincidencia!*

Kinesiología

*¿Qué puede hacer la kinesiología cuando
una mujer ha sido desposeída de su propia
maternidad?*

La historia de Sonia revela varios detalles interesantes.

En primer lugar, definitivamente no es una coincidencia
que Sonia haya vuelto a vivir las mismas sensaciones un año
después de su parto. Esta clase de acontecimientos, que uno
suele considerar coincidencias o azares curiosos, tienen un
significado más profundo desde el punto de vista de numerosas disciplinas psicológicas.

Basta con acercarse a esta cita de Carl Jung, padre de la
psicología analítica: "Todo lo que no viene del inconsciente
regresa bajo la forma de destino". El parto perfecto que
Sonia piensa que tuvo, ocurrió como un acto aséptico y des-
provisto de emociones. De hecho, ella misma lo dice cuando habla de sus proyectos de darle pecho a la niña desde el

nacimiento y de hablarle desde sus primeros instantes de vida, proyectos que no pudo llevar a cabo. Ya sea que no esté consciente de ello, o que deliberadamente haya decidido idealizar su parto, Sonia tuvo la necesidad de volver a vivir sus primeras contracciones para encontrar su verdadero lugar como madre. Ella prefería sus ideas, sus ilusiones, sus sueños, a la realidad. Ella amaba la *idea* del bebé.

La prueba es, por supuesto, esta "memoria" que se despierta un año después del parto, como un dolor... El hecho de que eso ocurra exactamente un año después, a la misma hora, no es una coincidencia. Esta cronología permitió que hubiese una toma de conciencia. Es algo bueno.

Esto nos lleva a los sueños de la futura mamá: casi todas las mujeres encinta sueñan con su bebé durante el embarazo. De esta manera, crean un lazo con él, olvidan sus temores y pueden vivir su embarazo de manera serena, con una imagen precisa de su hijo. Lo imaginan con el cabello negro (como papá), los ojos verdes (como mamá), con talento para la música (como el abuelo), etcétera. A medida que avanza el embarazo, estos sueños se transforman lentamente en certezas... El parto las enfrenta con una realidad diferente y muchas veces decepcionante. Por eso se requiere tiempo para que la mamá y el bebé aprendan a conocerse y a apreciarse mutuamente.

En la historia de Sonia, como suele suceder en nuestros días cada vez más, el bloqueo epidural no parece jugar el papel que las mujeres esperan: de acuerdo, ellas no quieren sufrir, pero a menudo desean participar activamente en el nacimiento de su bebé. Ese "dolor que uno olvida cuando termina" suele permitir que se aprecie mejor el logro final. Después de la lluvia, el buen tiempo; después del dolor, ¡el bebé! Al revivir el dolor de las contracciones un año después del parto, Sonia por fin "mereció" al bebé que trajo al mundo.

Otro punto interesante: se dice mucho que una mujer se vuelve madre cuando ha hecho la paz con su propia progenitora. Sonia dudó durante mucho tiempo de su capacidad para educar hijos y darles su amor debido a la difícil historia que vivió con su propia madre. De acuerdo con su testimonio, aquella jugó mejor su papel de amante que de madre; por eso no dudó en sacrificar a su hija cuando tuvo que elegir entre ella y su compañero. Sonia tomó una distancia benéfica respecto de su pasado, las relaciones con su madre y con sus suegros. Cuando se convirtió a su vez en madre, por fin pudo hacer el duelo de su historia pasada y reiniciar sobre una nueva base.

Finalmente, la historia de Sonia evoca el papel del padre. La participación tardía de éste puede serle desfavorable desde el punto de vista de la mamá y del bebé. Uno podría decir que sí, siempre y cuando la mujer vea en ello un distanciamiento durante su embarazo y que viva mal dicha situación. Esto la puede llevar a cortar el contacto con su bebé; puede, en efecto, sentirse culpable de estar encinta, o no sentirse deseable. A veces la situación puede empeorar, sobre todo cuando el hombre, sintiendo que cayó en la trampa, se vuelve cada vez más ausente, incluso infiel. En cambio, puede uno decir que no si el hombre acaba por involucrarse en la paternidad en un momento dado. Pues no olvidemos que para los hombres esto no es sencillo, aunque ocurre en distintos estadios del embarazo, si no es que hasta después del nacimiento.

Para la kinesiología, nuestro cuerpo dispone de una memoria indeleble y es normal que "cuente" su historia. Esta disciplina utiliza efectivamente pruebas musculares como medio de comunicación con el cuerpo. Los músculos conservan en su memoria nuestras tensiones, nuestras angustias, nuestros traumatismos más antiguos. Al interrogar al músculo uno obtiene una respuesta directa del cuerpo, lo cual permite establecer el equilibrio de salud física y psicológica. Es un método holístico, es decir, que toma en cuenta la totalidad del individuo: su envoltura corporal, su mente, sus emociones.

Concebida en Estados Unidos durante la década de 1960 por el doctor George Goodheart, quiropráctico, la kinesiología desde entonces se ha revestido de numerosas variantes. Los principios fundamentales permanecen más o menos iguales, aunque existan diferentes enfoques en nuestros días. Así, la kinesiología puede proponer:

- **La salud por medio del tacto**, que corresponde a una vulgarización de las técnicas de la kinesiología aplicada, inicialmente reservada al personal médico. Ésta representa la base de las disciplinas de la kinesiología, fácilmente practicable en familia, para reequilibrar la energía y ahuyentar el estrés.
- **Los conceptos Tres en Uno**, que conducen a la liberación del estrés y al bienestar emocional bajo la forma del desarrollo personal. Aquí uno prueba los músculos, pero también las emociones y las sensaciones.
- **La kinesiología educativa**, que se propone mejorar el aprendizaje, aumentando la capacidad de atención, de concentración y de memoria del niño y del adulto.

La kinesiología no cura las enfermedades; estimula las funciones de autocuración para que el sujeto pueda volver a encontrar la armonía, la libertad y el bienestar. El terapeuta sólo acompaña el proceso, pero su ayuda es valiosa porque muchas disfunciones, tanto físicas como psicológicas, pueden restablecerse. Como decía Gordon Stokes, creador de los conceptos Tres en Uno: "El que tiene el problema, tiene la solución".

Conclusión

En estos testimonios muchas mujeres, futuras o nuevas mamás, seguro se reconocerán. Ese era mi deseo: permitir que las futuras mamás expresen con libertad sus cuestionamientos, sus preocupaciones, ofreciendo a la vez inicios de solución accesibles a todas.

Por eso opté, voluntariamente, por usar un lenguaje sencillo, alejado de la terminología psicológica, que por desgracia es incomprensible para la mayoría de nosotros.

Ya sea que se trate de terapias centradas en la psicología o de métodos especialmente destinados a las futuras mamás, todos han sido aprobados por los profesionales que trabajan para la maternidad. Algunos son conocidos, otros lo serán sin duda... porque las mujeres saben que el embarazo es rico en sensaciones y experiencias nuevas.

Los medios suelen insistir en la importancia de vivir el embarazo con serenidad y bienestar, de comunicarle al bebé nuestras preocupaciones y nuestros estados de ánimo porque, aunque no comprende el sentido de las palabras, siente nuestros humores y nuestras emociones. Parecería que guarda fragmentos de recuerdos de su nacimiento, a diferencia de lo que se podría creer; las terapias que utilizan la regresión* están allí para recordárnoslo.

La siguiente es una hermosa leyenda que propone una explicación angelical a dicho olvido:

---

* La regresión es una técnica utilizada en ciertas psicoterapias que, en estado de relajación profunda, permite recuperar recuerdos perdidos en el inconsciente. Los recuerdos del nacimiento o de la vida intrauterina pueden resurgir bajo la forma de experiencias y sensaciones que parecen guiar nuestras acciones durante toda nuestra vida.

Cuando el niño está en las entrañas de la madre,
tiene el Conocimiento.

Cuando llega al mundo, un ángel posa su dedo sobre
su boca como cuando uno dice "Shh".

De ahí viene la hendidura vertical que todos tenemos a la
mitad del labio superior, signo visible de nuestro olvido.

Numerosos profesionales de la salud, de todos los horizontes, han hablado de los beneficios que aportan –para la futura mamá, pero también para el bebé– estos métodos de preparación para el parto. En efecto, el feto vive las alegrías y penas de su mamá, imprimiendo sensaciones en su memoria sensible. Cuando nace, su inteligencia está constituida de sensaciones y emociones que guiarán su vida adulta. Por eso es importante vivir bien esos nueve meses. Los diferentes enfoques, ya sea que se trate de métodos de preparación tradicionales (sofrología, haptonomía, yoga, entre otros) o específicos (distintas psicoterapias, PNL y demás), pueden brindar una ayuda valiosa. A mamá serena, ¡bebé feliz!

Es con este objetivo de mejorar el cuidado de las futuras mamás y las condiciones del nacimiento que los grandes hombres como Michel Odent consagraron y consagran su vida. Para ese médico, amigo de los bebés, es indudable la importancia de consentir a la mujer encinta y al futuro bebé: "Cambiar el mundo es, primero, ¡cambiar la manera de nacer!"